톨레랑스가
필요한 기독교

톨레랑스가 필요한 기독교

저자 _ 이우근

1판 1쇄 발행 _ 2009. 7. 31.
1판 2쇄 발행 _ 2020. 7. 26.

발행처 _ 포이에마
발행인 _ 고세규
등록번호 _ 제300-2006-190호
등록일자 _ 2006. 10. 16.
서울시 종로구 북촌로 63-3 우편번호 03052
마케팅 02)3668-3260, 편집부 02)730-8648, 팩스 02)745-4827

저작권자 ⓒ 이우근
이 책의 저작권은 저자에게 있습니다. 저자와 출판사의 허락 없이
내용의 일부를 인용하거나 발췌하는 것을 금합니다.

Copyright ⓒ 2009 by Lee, Woo-Keun
All rights reserved including the rights of reproduction
in whole or in part in any form. Printed in Korea.

값은 뒤표지에 있습니다.
ISBN 978-89-93474-12-1 03230
독자의견 전화 _ 02)730-8648
이메일 _ masterpiece@poiema.co.kr

좋은 독자가 좋은 책을 만듭니다.
포이에마는 독자 여러분의 의견에 항상 귀 기울이고 있습니다.

톨레랑스가 필요한 기독교

이우근 지음

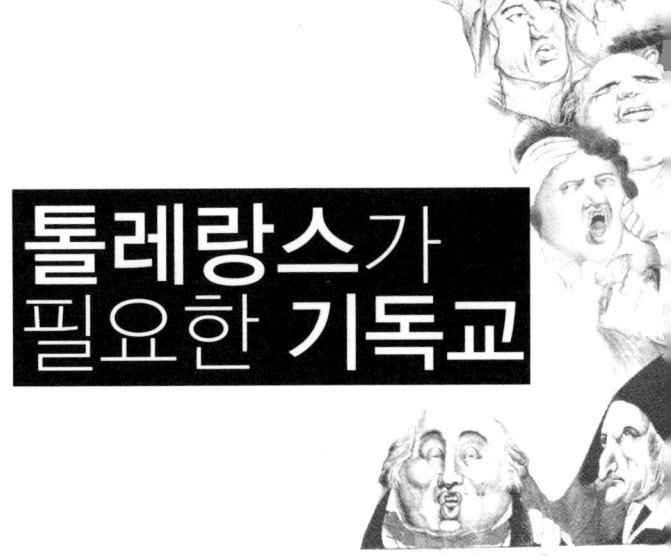

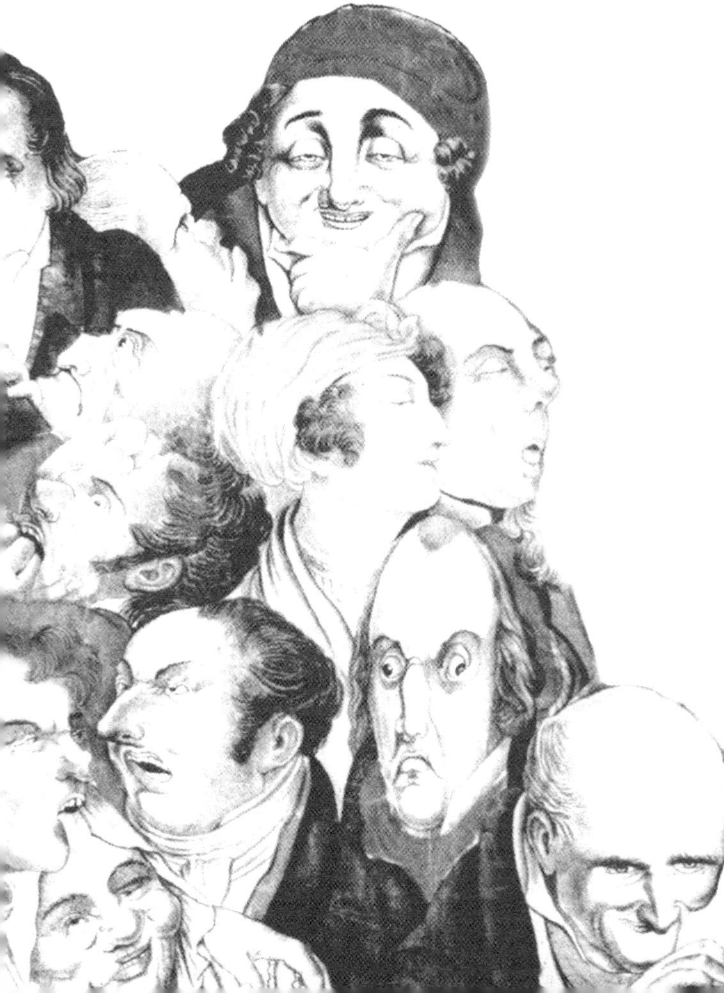

포이에마

추천의 말

복잡한 세상 문제들을 풀어가는 단초

이우근, 그는 많은 호칭을 가졌습니다. 법원장, 로펌 대표, 국회 공직자윤리위원장, 오케스트라 명예지휘자, 칼럼니스트, 예술의전당과 세종문화회관을 비롯한 각종 문화기관의 임원, 여러 사회봉사단체의 대표 또는 이사, 개신교 장로, 성가대 지휘자…. 그러나 그는 결코 화려함을 탐하는 사람이 아닙니다. 그저 넘치지도 부족하지도 않게, 이 시대의 지성인으로서 감당해야 할 일에 충실한 사람입니다. 그래서 저는 그를 좋아하고 존경합니다. 내게는 그에게 맞는 호칭이 이 판사입니다. 대학에서 동문수학하고 판사로서 반평생을 함께하였으니 저에게 이 판사보다 더 다정한 호칭은 없습니다.

몇 년 전 저는 우연히 이 판사가 '광야의 묵상' 칼럼을 쓰고 있다는 사실을 알고 이를 챙겨 읽기 시작하였습니다. 글을 읽고 느끼는 감동이 컸습니다. 읽을거리가 넘쳐나지만 정작 읽을 만한 가치가 있는 것이 드문 시대에 이 판사의 글은 참으로 보석과도 같았습니다. 평소 그의 인품이나 다방면에 걸친 해박한 지식은 알고 있었으나 이처럼 귀한 글을 써낼 줄은 미처 몰랐습니다.

돈독하고 오래된 신앙심, 균형 잡힌 사회의식, 인문·사회 및 신학을 넘나드는 학문적 탐구, 남다른 예술적 감수성 그리고 북녘 땅 고향에 대한 그리움, 이런 것들의 총화가 그의 글로 표출되었다는 생각입니다.

저는 이 판사에게 그 귀한 글을 몇 사람만 읽기 아까우니 책으로 만들자고 권하면서, 그 일과 관련하여 제가 도울 일이 있으면 나서겠다고 제안하기도 하였습니다. 이 판사는 그 특유의 말투로 "뭘, 그럴 만한 가치가 있는 것도 아닌데" 하고는 웃어 넘겨버렸습니다.

얼마 후 그의 글모음이 소리도 없이 두 권의 책으로 출간되었다가 이번에 세 번째 책으로 출간되기에 이르렀습니다. 여기에 제가 추천의 글을 쓰게 된 것은 저에게 큰 영광이자 기쁨입니다.

요즘의 세상을 둘러봅니다. 깊이 없는 이념대립과 사상갈등이 심각합니다. 남에 대한 배려와 사랑이 부족하고 이기심과 탐욕이 넘쳐납니다. 사회에 진중한 어른의 목소리도 들리지 않고 또 이를 용납하려 하지도 않습니다. 이런 세상풍조 속에서 이 판사는 이 '번잡한 도시'를 '광야의 언덕'으로 삼아 묵상의 열매를 나지막한 목소리로 담아내고 있습니다.

그의 글은 참된 신앙의 의미를 되새기게 합니다. 어느 성직자의 설교에 못지않은 감동을 줍니다. 세상의 복잡한 문제들을 풀어나가는 데 유익한 단초를 제공해줍니다. 더하여 미처 알지 못했던 많은 지식을 전해줍니다. 참으로 귀한 책이 아닐 수 없습니다. 곁에 두고 읽으면서 이 판사를 부러워하고 또 고마워할 작정입니다.

_김황식 감사원장

머리말

광야에서 차디찬 우물물을 길어 올리는 두레박 끈

무슨 뜻을 펴보겠다는 건방진 생각은 없습니다. 정작 펴 보일 만한 뜻도 별로 가지지 못했습니다. 고백하건대, '광야의 묵상'이라는 이름으로 설익은 글쓰기를 지금껏 이어오고 있는 이유는 상당 부분 나 스스로에 대한 채찍질에 있습니다. 나 자신을 향한 엄중하고도 비판적인 성찰로 삶과 인격의 혁명적 쇄신을 다짐하는, 영혼의 내출혈 같은 맑은 고뇌를 내 안에서 경험하고 싶기 때문인데, 그것이 여간 어려운 일이 아닙니다.

경험적 사회과학의 한 분야인 법학을, 그것도 학리를 연구하는 학자로서가 아니라 법정의 구체적 사건들을 다루며 익혀온 실무가의 한 사람으로서, 철학이나 자연과학의 정밀한 분석과 논리의 체계화는 내 몫이 아니라는 것을 잘 알고 있습니다. 나는 다만 '광야처럼 뜨겁고 적막한 도시의 일상에서 '무언가를 보고 듣고 느끼다가 문득 묵상처럼 떠오르는 생각'들을 나지막이 말하고자 할 따름입니다. 앞서 '광야의 묵상 1, 2'로 펴낸 《바보가 그리운 시대》와 《불신앙고백》은 그런 뜻으로 출간한 것이었습니다.

그러나 그동안 보고 듣고 느껴오는 것들 가운데 차마 못 볼 것, 차마 듣지 못할 말, 차마 경험하고 싶지 않은 느낌이 적지 않았지만 굳이 그런 하찮은 것들에서 건져 올린 생각까지 다른 이들과 공유할 필요가 있을까, 묵상이라는 말의 묵직함에 걸맞지 않은 시답잖은 글쓰기일랑 아예 접어야 하지 않을까, 스스로 물으며 가끔은 울적해지기도 했습니다.

그래도 무슨 미련이 남아 있었던지 온라인 공간의 한 구석을 찔끔찔끔 메워오다가, 언제부터인가 못 볼 것, 듣지 못할 말, 다가가고 싶지 않은 느낌도 진득하게 보고 듣고 느낄 줄 알아야겠다는 철늦은 깨우침이 들기 시작했습니다. 《톨레랑스가 필요한 기독교》라는 이름으로 또 한 권의 책을 출간하는 만용에 대한 변명입니다. 편집방향이 앞의 두 책과는 달라졌지만 글쓰기의 흐름은 여전히 '광야의 묵상 3'으로 이어집니다. 따라서 앞 두 권의 머리말이 그대로 이 책의 머리말이 되는 셈입니다.

얼마 전 《바보가 그리운 시대》의 개정판을 내면서 내 생각에도 많은 수정이 필요하다는 것을 깨닫고 이 책을 그 수정의 기회로 삼기로 했습니다. 내 생각이 과연 얼마나 정리되고 가다듬어졌는지는 잘 모르겠으나, 정의의 깃발에 일렁이는 바람결에서 소망과 위안을 찾으려 했던 내 가슴이 이제는 사랑에 목마른 그늘 밑, 그 눅눅한 습기를 찾아 서성이고 있음을 알아채가며 스스로 놀라는 중입니다.

이념의 불길 활활 타오르는 성화대가 아무리 높이 솟아 있는 광장이라 해도 아이들이 뛰놀지 않고 새들이 찾아오지 않는 곳이면 삭막한 광야나 다름없습니다. 휘날리는 깃발 하나 없어도 사람의 호흡이, 모든 살아 있는 것들의 숨결이 저 햇살 머금은 대기와 뭇 생명의 허파를 하나로 이어주는 곳이라면 사막의 오아시스인들 부러우랴.

오아시스의 생명은 물입니다. 아니, 모든 생명체의 근원이 물입니다. 광야처럼 뜨거운 우리의 도시도, 불길처럼 타오르는 저마다의 이념도 이제는 한 모금 서늘한 물로 차분히 열기를 가라앉혀야 할 때가 되지 않았는가. 고향집 앞뜰 우물에서 우리의 어머니와 누이들이 가녀린 손으로 긷고 또 길어 올리던 차가운 물, 성분·함량 일체 따지지 않고 벌컥벌컥 받아 들이키던 달디 단 물, 숲속의 샘처럼 맑고 투명한 물로.

광야는 뜨겁고 묵상은 차갑습니다. 이 책이 우리의 메마른 가슴 적셔줄 차디찬 우물물을 길어 올리는 두레박 끈이라도 될 수 있다면 더 바랄 것이 없겠습니다.

차례

추천의 말···6
머리말···12

1부 왜 차라리 속아주지 못하는가
성직자에 대한 권면, 그 허구의 금기···14
차라리 당하고 속아줘라···21
죄는 취소되지 않는다, 다만 용서될 뿐이다···28
가시나무새···38
내 팔로 껴안을 수 있는 아름다움···45
왜 어깨주름에 집착하는가···51
시대의 몽환을 좇는 종교···59

2부 거꾸로 가는 시대의 바로 서기
일치, 자유, 사랑···68
거꾸로 가는 시대의 바로 서기···75
뫼비우스의 띠···83
더 낮게, 더 느리게, 더 가까이···90
꽃 이름 부르기···97
법치주의, 법률 이전의 인격 문제···104
달리는 기차 위에 중립은 없다?···111
바다가재의 신념···118

3부 하나님 없이, 하나님과 함께
스님들은 빨리 예수를 믿어라?···126
우상으로부터의 해방···133
무엇으로부터의 자유가 아닌 무엇에로의 자유···141

하나님 없이, 하나님과 함께···149
당신은 누구인가···156
가장 무서운 독···163
집으로···170
일하기 위해 존재하는가, 길을 가기 위해 일하는가···177

4부 기회주의자에게는 기회가 없다

데드 포인트···186
당당히 맞서 싸워야 할 3T···192
존엄사는 존엄한 생으로부터···199
우리들의 천국, 또 다른 이어도···207
돈으로 살 수 없는 것들···214
할머니의 손···221
이해하지 못하면 소유한 것이 아니다···228
가정, 최초이자 최후의 학교···236
기회주의자에게는 기회가 없다···242

5부 꿈, 꿀 때와 깰 때

작은 것이 아름답다···252
어머니의 속삭임···259
개혁, 사랑에의 의지로···266
꿈, 꿀 때와 깰 때···272
신 7대 죄악의 경고···279
현재는 없다?···286
나는 모릅니다···292
나는 압니다···299

제1부

왜 차라리

속아주지 못하는가

성직자에 대한 권면,
그 허구의 금기

평신도에게 잘못이 있을 때 목회자는
마땅히 올바르게 충고하고 권면해야 합니다.
그것이 목회의 중요한 한 책무입니다.
마찬가지로 목회자에게 어떤 잘못이 있다면 비록
평신도라 할지라도 목회자를 충언하고 권면할 수 있어야 합니다.
그것이 사랑의 한 책무입니다.

> 여러분에게 맡겨진 사람들을 지배하려고 하지 말고, 양 떼의 모범이 되십시오. _베드로전서 5:3

이른바 성직에 종사하는 이들에게 어떤 바람직하지 못한 일이 생길 때면 흔히들 하는 말이 있습니다. "하나님의 종은 오직 하나님만이 심판하시니, 주의 종을 함부로 비판해서는 안 된다"는 말입니다. 몇몇 대형교회 담임목사들의 목회세습이나 어떤 비리의혹에 대한 비판적 시각을 '하나님의 종에 대한 심판'으로 몰아붙이는 일부의 논리이기도 합니다.

그러나 심판과 권면은 엄연히 다른 것이며, 비난과 비판도 분명히 구별되어야 합니다. 개신교의 신앙에는 하나님의 종 따로, 사람의 종 따로, 이런 것은 없습니다. 믿는 이들 모두가 주의 종들이요 또 모두가 서로를 향한 종들입니다. 그 맡은 바 일의 내용이 다를 뿐, 교회 안의 크고 작은 모든 직분이 다 하나님께로부터 받은 거룩한 소명이요 섬기는 청지기의 직분입니다(베드로전서 2:9).

큰 직분일수록 더 크게 섬겨야 할 책임이 있는 것이지, 더 큰 대접이나 더 큰 섬김을 받을 권한이 부여된 것은 아닙니다. 이것은 신앙적 직분 이해의 근본에 속하는 문제입니다.

사도 바울은 이미 2천 년 전에 놀라운 선언을 한 바 있습니다.

"우리는 여러분의 종입니다"(고린도후서 4:5). 바울은 스스로를 '하나님의 종'으로 내세우지 않고 오히려 '평신도들의 종'임을 고백했습니다. 평신도들이 목회자의 종이 아니라 목회자가 평신도를 위한 종인 것을 분명하게 선언하고 있는 것입니다. (평신도라는 말 자체가 신앙의 위계位階를 전제로 하는 잘못된 용어라는 비판은 잠시 접어 두기로 합니다.)

직분의 개념을 떠나 인간관계의 보편성에 비추어보더라도, 목회자나 평신도나 모두가 서로의 위치를 존중해야 하며 함부로 서로를 비난하거나 정죄해서는 안 될 일입니다. 존경의 의무를 평신도 쪽에게만 요구하는 것은 매우 잘못된 일입니다. 그것은 사제종교인 유태교나 중세 가톨릭의 행태와 다를 바 없는 일입니다.

평신도에게 잘못이 있을 때 목회자는 마땅히 올바르게 충고하고 권면해야 합니다. 그것이 목회의 중요한 한 책무입니다. 마찬가지로 목회자에게 어떤 잘못이 있다면 비록 평신도라 할지라도 목회자를 충언하고 권면할 수 있어야 합니다. 그것이 사랑의 한 책무입니다. 목회자도 죄와 허물로부터 결코 자유로울 수 없는, 그래서 평신도들과 꼭 같이 하나님 앞에 하나의 '가난한 영혼'으로 설 수밖에 없는 피조물이기 때문입니다. 직분보다 사랑이 언제나 우선입니다.

하나님의 사자使者를 선지자 발람은 보지 못했지만 당나귀는 또렷이 보았습니다(민수기 22:25-31). 제사장 엘리가 듣지 못한 하나님의 음성을 소년 사무엘은 분명히 들었습니다(사무엘상 3:1-9). 이것을 기억한다면, 성직에 종사하는 직업 종교인들은 어느 누구의 권면 앞에서도 늘 겸손할 줄 알아야 하겠습니다.

목회자들이 '하나님의 종'이라는 편리한 방패 뒤에 숨어서 평신도들의 올곧은 권면을 회피하거나 그것을 심판이라고 몰아붙일 수 있는 어떤 종교적 특권도 가지지 못한다는 것은 아마도 나만의 속 좁은 생각인지 모르겠습니다.

그러나 정말로 속이 좁은 것은, 다른 사람의 권면이 바른 것인 줄 뻔히 알면서도 "감히 나에게 충고를 해?" 하는 식의 알량한 자존심 때문에 쉽게 삐치고 금방 토라지는 쪽이 아닐까. 목회의 직분을 '누리고 향유하는 특권의 자리'가 아니라 '섬기며 희생하는 책임의 자리'로 여기는 사람이라면 그렇게 속이 좁지는 않을 것입니다.

물론 권면과 충언은 예의에 어긋나서도 안 되고, 인격적 비난이나 종국적인 심판이어서도 안 됩니다. 그것은 정의의 이름을 내세워 자기의 주장만을 고집하는 교만에 다름 아닙니다.

그러나 만약 일부의 주장과 같이, 목회자들에게는 어떠한 권면도 할 수 없고 또 어떠한 충언도 해서는 안 되는 것이라면, 그처럼 그것이 완고한 금기라면, 루터는 면죄부를 팔아먹은 교황 레오 10세 앞에서 마땅히 입을 다물고 '95개조 항의문'을 찢어버려야 했을 것입니다. 최고성직자인 대제사장을 가차 없이 꾸짖은 스데반 역시 하나님의 종을 심판했다는 비난에서 결코 자유로울 수 없을 것입니다(사도행전 7:51).

스데반을 죽인 살인자요 다른 사도들보다 훨씬 나중에야 교회에 입문한 신출내기 신자 바울은 당시 초대교회의 절대적 지도자였던 베드로의 잘못을 목격하자 수많은 사람들 앞에서 감히 큰 소리로 베드로를 질타했습니다(갈라디아서 2:11-14). 사도들의 수장인 베드로의 체면이 말이 아니었을 것입니다. 마치 교단의 총회장이 신학교를 갓 나온 전도사 지망생으로부터 꾸지람을 듣는 꼴이었을 테니 말입니다. 언감생심, 오늘의 한국 교회 안에 어찌 이런 불경스런 일이 허용될 수 있을까?

그러나 초대교회는 이것을 불경스럽다고 비난하지 않았습니다. 성서는 오히려 이 사건을 신앙의 유익한 교훈으로 분명히 기록해 두고 있습니다. 더욱이 나이 어린 바울로부터 뜻밖의 질책을 당한 대사도 베드로는 바울과 자존심 싸움을 벌이거나 혈기와 권위로 그를 억누르려 하지 않았습니다. 이것이 베드로의 성숙한 신앙인격이요 사도의 참된 모범이 아닐까 합니다. 나는 이 장면에서 바울보다 베드로가 훨씬 더 훌륭했다고 판단합니다.

먹을 욕을 피하지 않고 당당하게 얻어먹는 것은 아무나 할 수 있는 일이 아닙니다. 풋내기 바울로부터 묵묵히 욕을 얻어먹고 앉아 있는 대사도 베드로의 모습을 상상하는 것만으로도 마음이 절로 넉넉해집니다. 그 넉넉한 인품의 베드로는 자신을 사도들의 수장이 아니라 그저 '장로들 중의 하나'로 여겼을 뿐입니다. "나는 여러분 가운데 있는 장로들과 같은 장로로서 권면한다"(베드로전서 5:1). 그는 장로들 위에 군림하지 않았습니다.

베드로는 오히려 교회의 지도자들을 향해서 "여러분에게 맡겨진 사람들을 지배하려 하지 말고, 양 떼의 모범이 되라"(베드로전서 5:3)고 가르쳤습니다. 이처럼 양 무리의 본이 되는 데에는, 비록 평신도의 말이라 할지라도 올바른 권면과 충언 앞에 고요히 귀 기울일 줄 아는 겸손이 필요합니다. 이것이 바로 '지배하려는 자세'를 버린, 양 무리의 모범이 되는 목회의 바른 인격입니다. 권면과 충언은 금기가 아니라 사랑이요, 비난이 아니라 친교이기 때문입니다.

"나와 내 아들이 대대로 하나님의 종인데, 평신도인 너희들이 어찌 감히 하나님의 종인 우리 부자父子의 세습을 두고 비판하는가…" 이런 마음가짐으로는 결코 양 무리 앞에 모범이 될 수 없습니다. 이런 마음은 '하나님의 종의 마음'이 아니라 세속적 성취의 욕망에 눈멀어 하나님의 교회를 부질없는 감정싸움으로 몰아가는 '소아병적 자존심' 외에 아무것도 아닙니다. 이것이 교회를 사탄에게 무릎 꿇게 하는 지름길입니다. 겸손한 종이라면, 입을 열기 전에 마땅히 귀를 열 줄 알아야 합니다.

우리는 누구도 서로를 심판하거나 저주할 수 없습니다. 종국적인 심판과 저주는 오직 하나님의 몫입니다. 평신도도 목회자를 심판할 수 없고, 목회자도 평신도를 심판해서는 안 됩니다.

그러나 예의를 갖추고 또 진정으로 공의를 사랑하는 마음에서 우러나오는 충언이요 권면이라면, 신앙공동체의 모든 구성원들은 누구라도 서로에게 권면할 수 있고 또 충언해야 마땅합니다. 이것이 사랑의 권면과 저주의 심판을 구별할 줄 아는, 그래서 공의의 외침과 비난의 욕설을 혼동하지 않는 참된 영적 친교일 것입니다. 이것이 나 혼자만의 고집이 아니기를….

차라리 당하고 속아줘라

송사에 매달린 목회자나 그리스도인들이
'하나님은 내 편'이라는 주장만 내세우지 말고
"나는 과연 하나님 편인가?"라는 물음을
스스로 물어야 하지 않을까.

제단에 제물을 드리려고 하다가, 네 형제나 자매가 네게
어떤 원한을 품고 있다는 생각이 나거든, 너는 그 제물을
제단 앞에 놓아두고, 먼저 가서 네 형제나 자매와 화해하
여라. _마태복음 5:23-24

　　30년 가까이 법원에서 근무하는 동안 여러 지역의 여러 법원을 거쳤는데, 지역과 법원에 따라 사건의 내용이나 성격이 천차만별이었지만 몇 가지 공통점들이 있었던 것으로 기억됩니다. 그중의 하나가 어느 법원에서도 교회를 둘러싼 송사訟事를 만나지 않은 적이 한 번도 없었다는 점입니다.

　　이런 사정은 지금도 마찬가지입니다. 어느 지역, 어느 법원에서도 교회관련사건이 끊인 적이 없습니다. 목사·장로들이 원고·피고로 나뉘어 싸우는가 하면, 교회나 교단이 소송당사자가 된 경우도 적지 않습니다. 그때마다 교인들이 양쪽으로 갈라져 법정에서 살벌한 응원전을 벌이곤 합니다.

　　교회 송사의 대부분이 재산문제 아니면 당회장의 자격이나 목회자의 윤리에 관련된 것인데, 하나의 사실을 놓고 정반대의 주장을 하는 목회자들이 있는가 하면, 말싸움 끝에 폭행사태가 벌어져 폭력사건으로 처벌되는 교인도 없지 않습니다.

　　서울법원에서 근무할 때, 고소인과 피고인이 모두 목사인 사기사건을 다룬 적이 있습니다. 상가건물 4층에서 A라는 개척교회를

운영하던 갑 목사가 교계신문에 교회를 양도한다는 광고를 내자, 을 목사가 한 달 동안 A교회에 다니면서 교인출석상황과 헌금집계 등을 파악해본 뒤 갑 목사에게 2천만 원을 주고 A교회를 인수했습니다.

그런데 다음 주일부터 교인 수가 부쩍 줄기 시작했습니다. 헌금도 예상했던 것만큼 걷히지 않았습니다. 수소문해보니, 갑 목사가 그 건물 5층에 B교회를 차리고 A교회의 신도들을 B교회에 출석하도록 부추긴 것이었습니다. 을 목사가 항의했으나 갑 목사는 신도들의 선택일 뿐이라며 막무가내로 버텼습니다. 그래서 을 목사가 갑 목사를 사기죄로 고소하기에 이른 사건입니다.

공개법정에서 '교회, 목사, 사기꾼' 같은 낯 뜨거운 말들이 오가고 피고인인 갑 목사와 증인으로 나온 을 목사가 서로에게 "하나님이 두렵지 않으냐", "네가 성직자냐"는 등의 모욕적인 언사를 주고받으며 거친 말싸움을 벌이자, 다른 사건의 당사자와 방청인으로 법정에 앉아 있던 사람들의 표정에 냉소와 탄식의 빛이 역력히 드러났습니다. 민망해진 나는 두 목사에게 화해를 권유했습니다. "저도 교인입니다. 목사님들, 서로 조금씩 양보하시지요."

사기죄로 고소를 당해 궁지에 몰린 갑 목사가 슬그머니 태도를 누그러뜨리며 받은 돈 2천만 원을 돌려주겠다고 했지만, 을 목사는 준 돈의 배액인 4천만 원을 받아야만 고소를 취하하겠다고 고집했습니다. 내가 3천만 원의 중재안을 냈으나 두 사람 모두 받아들이지 않았습니다.

그런 심리를 두 번이나 더 거친 뒤에 을 목사가 어렵사리 중재안을 받아들였지만, 갑 목사는 "하나님께 기도해보고 응답을 받은 뒤에 답변하겠다"며 좀처럼 양보하려 들지 않았습니다.

나는 갑 목사에게 "사기사건의 법정에서 하나님, 기도 운운하는 것은 바람직하지 않다"고 주의를 주고는 "4층에 있는 교회를 2천만 원에 팔아넘긴 다음 곧바로 윗층에 또 다른 교회를 차릴 때도 하나님께 기도해보셨습니까?"라고 물었습니다. 몇몇 방청인들이 키득거렸고, 을 목사는 갑 목사를 쳐다보며 한심하다는 표정을 지었습니다.

머쓱해진 갑 목사가 마지못해 중재안을 받아들여 겨우 사건을 매듭지을 수 있었습니다. 물론 갑 목사의 사기죄는 유죄로 인정하여 집행유예 판결을 선고했습니다. 법원 근무기간 중 매우 불쾌했던 경험 가운데 하나입니다.

이즈음 감리교단에는 난데없이 두 명의 총감독이 나타나 서로가 정통이라며 낯 뜨거운 법정싸움을 벌이는 중이고, 침례교단에서는 공금횡령혐의를 받는 총무 목사의 자격시비로 법정투쟁이 벌어지는가 하면, 하나님의 성회 쪽에서는 총회회관을 둘러싼 재산 싸움을 법정으로 끌고 가는 등 어느 때보다 교회관련송사가 줄을 잇고 있습니다.

몇 년 전에는 유명 대형교회 당회장의 여신도 성희롱 문제가 법의 심판대에 올랐고, 기독교 봉사단체들의 공금유용혐의가 수사대상이 된 적도 적잖게 있었습니다. 이단시비와 강제추행혐의에 몰리자 법망을 피해 수년간 외국을 떠돌다가 강제송환되어 구속된 목사도 있습니다. (송사 중인 교회와 목회자들로부터 수차례 변호의뢰를 받은 적이 있는 나는 관련자료를 검토해본 뒤 대부분 거절하고 말았습니다.)

희생과 절제의 본이 되고 화해와 용서의 모범을 세워 세상의 빛이요 사회의 소금이 되어야 할 교회와 목회자들이 수사기관에 고소를 제기하고 법정에 불려 다니면서 제 '권리'라는 것을 찾고 상대방을 '처벌'해야겠다며 서로를 향해 온갖 못된 말을 쏟아내는 모습을 보노라면 참으로 송구스럽기 짝이 없습니다.

더욱 가관인 것은, 고소를 제기한 쪽이나 고소를 당한 쪽이나 모두 '하나님은 내 편'이라는 독선에 사로잡혀 있다는 점입니다. 그래서 교회관련사건은 화해나 조정이 매우 어렵다는 것이 법관들의 중평입니다.

2008년 크리스천 법조인들이 중심이 되어 시민사회의 법률적 갈등관계를 재판 이전 단계에서 자율적·평화적으로 해결해보려는 기독교화해중재원을 발족시키고 활동에 들어갔는데, 이런 기독교 관련기구들이 일반시민들의 쟁송爭訟을 중재하기에 앞서 교회와 목회자들의 송사부터 우선적으로 다뤄야 하지 않을까.

남북전쟁을 앞두고 고민하며 기도하던 아브라함 링컨 대통령에게 어느 참모가 물었습니다. "각하, 하나님이 우리 편이라는 확신이 없으십니까?" 링컨이 조용히 대답했습니다. "하나님이 우리 편이라는 것은 확실합니다. 문제는, 우리가 과연 하나님 편인가 하는 점입니다."

송사에 매달린 목회자나 그리스도인들이 '하나님은 내 편'이라는 주장만 내세우지 말고 "나는 과연 하나님 편인가?"라는 물음을 스스로 물어야 하지 않을까.

예수님은 산상수훈에 이런 가르침을 남겼습니다. "제단에 제물을 드리려 하다가 네 형제나 자매가 네게 어떤 원한을 품고 있다는 생각이 나거든, 그 제물을 제단 앞에 놓아두고 먼저 가서 네 형제나 자매와 화해하여라. 그런 다음에 돌아와 제물을 드려라. 너를 고소하는 사람과 함께 법정으로 갈 때에는 도중에 얼른 그와 화해하라"(마태복음 5:23-25). 송사에 노심초사하는 목회자들이 이 구절을 설교에 어떻게 인용할지 궁금합니다.

문득 사도 바울의 탄식이 머리를 스칩니다. "성도들이 세상을 심판할 것임을 알지 못합니까?…우리가 천사들도 심판할 것임을 알지 못합니까? 그러한데, 하물며 이 세상 일들이겠습니까?…여러분이 서로 소송을 제기하는 것부터가 벌써 여러분의 실패를 뜻합니다. 왜 차라리 불의를 당해주지 못합니까? 왜 차라리 속아주지 못합니까?"(고린도전서 6:2-7)

세상이 하도 소란스럽고 사회가 온갖 갈등으로 어수선한 터에, 교회와 목회자들마저 송사에 연관되어 경찰서와 검찰청 혹은 법정을 분주히 드나든다는 뉴스를 접하고 보니 답답한 가슴이 더욱 조여드는 느낌입니다. 마침 교회관련사건 하나를 상의하러 왔던 어느 신도가 자리에서 일어서며 불쑥 내던진 혼잣말이 머리에서 내내 지워지지 않습니다. "이번 주일에는 또 어느 교회엘 가야 하나…."

죄는 취소되지 않는다,
다만 용서될 뿐이다

죄는 취소되지 않습니다. 다만 용서될 수 있을 뿐입니다.
그러나 은폐된 죄는 용서받을 수도 없습니다.
거짓말로 변명하는 죄는 더욱 그렇습니다.
몸으로 지은 죄보다 그것을 회개하지 않는 죄가 더 무겁고,
거짓말로 변명하는 죄는 가장 무거운 죄입니다.

> 젊은 시절, 내 육욕이 나를 죄의 구렁텅이에 굴러 떨어지게 했다. _성 아우구스티누스

옛말에 삼불혹三不惑이라는 가르침이 있습니다. 선비가 결코 빠져서는 안 될 세 가지 유혹, 곧 술과 돈과 색色을 경계하라는 뜻입니다. 오늘날에도 몸가짐이 바른 이들은 술이나 마약 따위에 탐닉하지 않고 돈이나 이성문제 등으로 자신의 인격을 더럽히지 않습니다.

특히 이성문제는 다른 어떤 유혹보다도 뿌리 깊고 끈질겨서 마치 유전자DNA처럼 인간 본성에 직접 연결되어 있는 원초적 욕망이 아닌가 합니다. 프로이트는 '리비도(성충동 욕구)가 인간 행동의 근본 동기'라고 단정했습니다.

교부철학의 완성자로 성자聖者의 반열에까지 오른 아우구스티누스는《참회록》에서 "젊은 시절, 내 육욕이 나를 죄의 구렁텅이에 굴러 떨어지게 했다"고 정직히 고백했습니다.

"사랑보다 훨씬 더 빠른 속도로 팽창해가는 욕정"(니체)은 처음에는 어린아이처럼 약한 모습으로 다가오지만, 마침내는 거인처럼 강한 힘으로 영혼을 짓눌러옵니다. 부적절한 쾌락은 짧은 웃음 뒤에 길고 긴 울음을 남기는 법입니다.

현대 최고의 작가라는 평판을 얻고 있는 니코스 카잔차키스N. Kazantzakis는 《그리스도 최후의 유혹》이라는 책을 써서 그리스 정교회로부터 파문을 당했습니다. 그 책은 광야에서 악령의 뭇 유혹을 물리친 예수가 아름다운 여인 막달라 마리아의 마지막 유혹을 이기지 못해 겪는 고뇌를 작가 나름대로 꾸며낸 소설로, 속 좁은 그리스도인들이 읽기에는 매우 고약한(?) 소설입니다.

클린턴 전 미국 대통령은 뛰어난 정치력에도 불구하고 르윈스키 스캔들이라는 덫에 걸려 재임기간 내내 기를 펴지 못했습니다. 스캔들도 딱했지만 그것을 변명하는 거짓말이 그를 더 큰 곤경으로 몰아넣었습니다. 클린턴은 닉슨 이후 처음으로 탄핵 직전의 벼랑 끝까지 내몰려 권위도 체면도 모두 말이 아닌 처량한 신세가 되고 말았습니다.

앞길 창창한 정치인들이 추잡한 스캔들로 중도에 큰 뜻을 접는 경우가 드물지 않은데, 그때마다 "정치인은 성직자가 아니다"라는 엉뚱한 동정론이 튀어나오곤 합니다. 성직자에게는 응당 그런 스캔들이 없다는 것을 전제로 하는 논리겠습니다.

그러나 이 전제는 아직은 희망사항에 불과한 듯합니다. 요즘도 종종 외국의 이상한 가톨릭 성직자들이 낯 뜨거운 추문으로 성직에서 추방당할 위기에 놓였다는 소식을 듣곤 하지만, 슬프게도 그것이 먼 나라의 낯선 일만은 아닙니다. 오늘 이 땅에서도 결코 그럴 수 없는 사람들, 결코 그래서는 안 될 사람들이 기막힌 윤리적 일탈행위로 숱한 양 무리의 마음을 갈가리 찢어놓고 있습니다.

사도 바울은 성충동의 본능적 죄성 앞에는 신앙인도 예외가 아님을 잘 알고 있었던 모양입니다. 그는 "모든 죄가 몸 밖에 있지만 음행은 자기 몸에다 죄를 범하는 것"(고린도전서 6:18)이라는 탁월한 영적 통찰을 남겼는데, 이것은 다름 아닌 고린도교회의 부끄러운 신자들에게 보낸 편지 속에 담긴 질책입니다.

성직자라 불리는 어떤 사람들이 은밀한 쾌락의 침상을 찾아 그 부끄러운 육신을 뉘일 때마다 어김없이 들먹이곤 하는, 핑계 같은 두 가지 스캔들이 있습니다. 다윗 왕의 탈선(사무엘하 11:3)과 너새니얼 호손N. Hawthorne이 쓴 소설 《주홍글씨 The Scarlet Letter》입니다.

다윗은 부하 장수의 아내와 치욕적인 범죄에 빠져들었지만, 어차피 그는 정치가였지 제사장도 성직자도 아니었습니다. 그러나 성직자가 아닌 다윗도 회개의 눈물로 침상을 흠뻑 적셔야 했고, 골육의 피를 흘리는 처절한 '참회의 고통'을 맛보지 않으면 안 되었습니다.

더욱이 선지자 나단의 질책에 양심이 찔린 다윗은 자기 죄를 부인하거나 교활한 거짓말로 변명하지 않았습니다. 자신의 윤리적 콤플렉스를 날카롭게 파고들어 왕좌의 걸림돌로 등장한 나단을 향해 이를 갈며 혈기를 부리지도 않았고, 왕권을 휘둘러 그를 윽박지르지도 않았습니다. 도리어 겸손히 자신의 죄과를 인정했을 뿐 아니라, 나아가 그 부끄러운 행실을 낱낱이 역사의 기록으로 남겨 후대에까지 길이 전하고 있습니다.

　다윗의 신앙이 위대하다고 칭송하는 것은 이처럼 정직한 회개의 모범, 이처럼 철저한 참회의 본을 따르고자 하는 뜻이지 "다윗은 더 큰 죄를 짓고도 용서받았는데…" 하며 거침없이 몸을 내굴리는 핑계로 써먹으라는 뜻이 아닙니다. 참회의 고통은 슬그머니 빼먹은 채 용서의 은혜만을 일방적으로 외쳐대는 사람들을 언제나 수상쩍게 여기는 이유입니다.

　《주홍글씨》에서 작가의 의도는 성직자와 여신도의 탈선을 통속적인 러브 스토리로 미화하려는 데 있지 않습니다. 딤즈데일 목사와 헤스터 프린을 바라보는 마을 사람들의 청교도적 정죄의 눈길과, 헤스터의 남편 로저의 불타는 복수심 속에 깃든 무서운 죄성을 폭로하고, 기나긴 참회의 고통을 뚫고 나온 영혼이 어떻게 아름다우며 얼마나 자유로울 수 있는가를 말하고자 하는 것입니다.

　부끄럽기 그지없는 주홍빛 글자 A(adultery)를 줄곧 목에 달고 다녀야 했던 헤스터의 영혼은 오히려 깃털처럼 자유로웠지만, 은폐된 죄의 동굴 속을 남몰래 방황하며 번민해온 딤즈데일 목사는 마침내 공개설교를 통해 자신의 죄과를 숨김없이 고백하고 쓰러질 때까지 영혼의 자유를 누릴 수 없었습니다.

　이 불행한 성직자는 목에 주홍글씨를 달지는 않았지만, 자신의 입으로 신도들에게 늘 외쳐오던 회개와 용서의 기쁨을 정작 스스로는 소유하지 못했습니다. 은폐와 변명의 거짓 속에 용서의 은총이 깃들 자리는 없었던 것입니다. 수치의 상징인 주홍글씨의 아이러니입니다.

저 회개 모르는 삯군(요한복음 10:12)들이 다윗과 딤즈데일의 스캔들로 위안거리를 삼을 수는 없습니다. 가책으로 잠 못 이루는 번뇌의 밤도, 뜨거운 눈물로 기다리는 참회의 새벽도 알지 못하는 화인火印 맞은 양심에게는, 고작해야 수치의 행실이 드러날까 전전긍긍하는 천박한 근심만이, 그리고 죄책을 모면할 변명과 거짓말의 궁리로 허망하게 지새는 적막한 밤이 있을 뿐입니다. 그 황폐해진 영혼처럼 육신도 따라서 쇠잔해갈 뿐입니다. 영육의 피폐함을 감추기 위해 아무리 얼굴에 기름을 바르고 입가에 짐짓 웃음을 흘린다 해도….

청교도적 도덕주의로 돌아가자는 뜻이 아닙니다. 누구에게나 무슨 일에나 항상 도덕교사 노릇을 하려드는 사람들을 나는 별로 신뢰하지 않는 편입니다. 아니, 매우 언짢게 여기고 있습니다. '일부러 냄새를 피우는 도덕'은 기실 도덕적이지 않기 때문입니다.

그러나 신앙인의 탈선은 단순히 도덕의 문제가 아닙니다. 그것은 하나님을 거스르는 명백한 신앙상의 죄이며(신명기 5:18), 특히 서로에게 배우자가 있는 경우에는 제7계명과 제10계명을 한꺼번에 짓밟는 중죄에 해당합니다(신명기 5:21; 22:22). 세속법에서도 이런 경우는 경합범競合犯이라고 하여 가중처벌을 합니다(형법 제37, 40조).

강단에 올라 설교를 하고 축도를 하는 '거룩한' 직분을 가진 이의 문제라면 일반신도들의 경우보다 훨씬 더 심각할 것은 당연합니다. 영혼의 푸른 초원으로 인도해야 할 순박한 어린 양을 어이없게도 환락의 밀실로 유인해 함께 쾌락의 침상에 눕는다면, 그것은 나이 어린 철부지들의 불장난이나 영성 미약한 사람들의 한때 실수처럼 치부될 수 없는 일입니다. 그것은 자기에게 맡겨진 한 영혼을 실족케 함은 물론 그 가족들의 마음과 삶 속에 회복할 수 없는 상처를 남기는 사악한 짓이 아닐 수 없습니다.

"목회자도 인간이다"라는 눈물 그렁그렁한 신파조의 호소로 어물쩍 넘어갈 문제가 아닌 것은 예수님의 두려운 말씀에도 분명히 드러나 있습니다.

"누구든지 이 작은 사람들 가운데서 하나라도 죄짓게 하는 사람은 차라리 자기 목에 연자맷돌을 달고 바다 깊숙이 잠기는 편이 낫다"(마태복음 18:6).

예수님은 간음하다가 끌려온 여인을 용서했습니다(요한복음 8:3-11). 나는 그 용서가 '죄의 현장'에서 미리 선포되지 않았음에 주목합니다. 뭇 사람들이 돌을 들어 치는 처절한 '단죄의 현장'에까지 끌려온 뒤에야 비로소 용서의 은총이 주어졌음을 늘 눈여겨 읽습니다. 용서는 죄의 현장을 못 본 척 슬쩍 넘어가주는 것이 아닙니다. 회개와 용서는 고해소의 휘장 뒤에 숨어서 남몰래 주고받는 비밀스런 뒷거래가 아닙니다.

"죄 없는 자가 먼저 돌을 들어 치라"는 말씀은 남을 정죄하기에 앞서 먼저 자신의 죄를 두루 살펴 '함께 회개에 나아가라' 는 뜻이지 '회개 없는 헤픈 용서'를 마구 뿌려대라거나 혹은 거꾸로 "너는 그럼 깨끗하냐?"며 주먹 쥐고 대들 적반하장의 명분으로 써먹으라는 뜻이 아닙니다. 그것은 하나님의 공의를 조롱하는 또 하나의 무서운 죄일 따름입니다.

죄는 취소되지 않습니다. 다만 용서될 수 있을 뿐입니다. 그러나 은폐된 죄는 용서받을 수도 없습니다. 거짓말로 변명하는 죄는 더욱 그렇습니다. 몸으로 지은 죄보다 그것을 회개하지 않는 죄가 더 무겁고, 거짓말로 변명하는 죄는 가장 무거운 죄입니다.

사도 바울은 이런 거짓을 가리켜 "하나님의 길이 참으시는 긍휼을 멸시하며, 스스로 심판의 진노를 쌓아가는" 패역의 길이라고 호령합니다(로마서 2:4-5). 오직 자신의 허물을 스스로 드러내어 그 보응을 달게 받아들이는 정직한 참회만이 마침내 "죄를 기억도 하지 않으시는" 하나님의 은총을 만나게 될 것입니다(시편 32:5; 예레미야 31:34).

전도자는 "사람들은 왜 서슴지 않고 죄를 짓는가? 악한 일을 하는데도 곧바로 벌이 내리지 않기 때문이다"(전도서 8:11)라고 탄식하지만 선지자 하박국의 확신과 같이 하나님의 공의는 "비록 더디더라도 반드시 올 것이며 결코 늦어지지 않을 것"(하박국 2:3)입니다. 이 확신이 하나님의 신실하심을 신뢰하는 의인의 믿음임을 바울도 알고 있었습니다(하박국 2:4; 로마서 1:17). 하나님의 공의는 용서와 사랑을 부정하는 것이 아닙니다. 공의를 통해 마침내 회개를 이끌어내시려는 하나님의 구원의 섭리임을 나는 믿습니다(히브리서 12:5-11).

종교인들의 타락이 과거에도 없지 않았지만, 그 구역질나는 냄새가 오늘날처럼 가까이, 이렇듯 짙은 농도로 다가온 적은 일찍이 없었던 터이므로, 내 많은 허물에도 불구하고 저 황량한 영혼들을 향하여 이루 말할 수 없는 탄식으로 권고하지 않을 수 없습니다.

"오라, 우리가 서로 변론하자. 너희의 죄가 주홍빛과 같다 하여도 눈과 같이 희어질 것이며 진홍빛과 같이 붉어도 양털같이 희어질 것이다. 너희가 기꺼이 하려는 마음으로 순종하면, 땅에서 나는 가장 좋은 소산을 먹을 것이다. 그러나 너희가 거절하고 배반하면, 칼날이 너희를 삼킬 것이다"(이사야 1:18-20).

"한번 빛을 받아 하늘의 선물을 맛보고, 성령을 나누어 받고, 하나님의 선한 말씀과 장차 올 세상의 권능을 경험한 사람들이 타락하면 그들을 다시 새롭게 해서 회개하게 할 수 없다"(히브리서 6:4-6).

성직자로 선택된 자들에 대한 사도의 경고입니다.

이 시대의 혼탁한 세속풍조가 교회 안까지 무섭게 파고들어 말과 행실이 다른 표리부동한 인격들이 영성을 감성으로, 은총을 기복으로, 성직의 순결한 향기를 욕망의 더러운 악취로 변질시킴으로써 수많은 신도들의 영혼을 깊이 좀먹어가고 있습니다.

더욱이 그 숨은 부끄러움의 행실 뉘우치기를 끝내 거부한 채 교언영색巧言令色의 거짓말로 신앙윤리의 실패를 애써 호도하며 스스로 파멸의 늪을 향해 치달리는 모습을 보면서, 하나님 모르는 저 옛 선비들조차 삼갔던 '삼불혹'의 몸가짐이 새삼 아쉬워집니다.

37_ 죄는 취소되지
않는다, 다만
용서될 뿐이다

가시나무새

눈물겨운 로맨스가 그리운 사람들은
굳이 계명의 무거운 멍에를 메고 고민하며
이웃의 영혼에까지 깊은 고통을 안겨줄 것이 아니라,
저 가슴 저미는 자유의 창공을 향하여 훌쩍 날아가기를….

> 너희가 정말로 나에게 기름을 부어, 너희의 왕으로 삼으려느냐? 그렇다면, 와서 나의 그늘 아래로 피하여 숨어라. _사사기 9:15

눈물겨운 러브 스토리가 한둘이 아니지만 그중에서도 콜린 맥컬로우-Colleen McCullough가 쓴 소설 《가시나무새 The Thorn Birds》는 영화로까지 만들어져 한동안 전 세계 여성들의 여린 마음을 아프게 울린, 가슴 아릿한 로맨스입니다.

앞길이 창창한 가톨릭 신부 랠프와 젊고 아름다운 여인 매기 사이에서 3대에 걸쳐 벌어지는 애증과 갈등을 그린 이 소설은 금지된 사랑과 종교적 성취의 욕망 사이에서 고뇌하던 랠프 신부가 끝내는 종교의 굴레를 벗어나 그토록 그리던 연인 매기에게로 달려간다는 가슴 뭉클한 줄거리를 큰 기둥으로 삼고 있습니다.

작가 맥컬로우는 파계破戒의 번뇌라든가 참회의 고통이라는 묵직한 주제를 살짝 비켜나, 날카로운 가시에 스스로 몸을 찔러 죽어가며 일생에 단 한 번 아름다운 울음을 운다는 전설 속의 가시나무새처럼, 젊은 신부가 죽음 같은 고통 끝에 마침내 사제복을 벗어던지는 감동적인 로맨스로 만족하고 있습니다.

사제도 인간인 이상 전류처럼 강렬히 흐르는 연정의 교감에서 마냥 자유로울 수만은 없겠습니다. 더욱이 평생 독신의 서원에 묶인 젊디젊은 신부로서는 그 숱한 그리움의 낮과 밤을 그저 기도와 명상만으로 이어가기란 죽음보다 더한 고통일지도 모릅니다.

광적인 신념으로 그리스도인들을 탄압하던 사도 바울은 회심한 후에도 그 불같은 성정을 버리지 못하여 자신의 독신에 그치지 않고 일반신도들에게까지 독신을 서슴지 않고 권유했습니다. "결혼하지 않은 사람들과 과부들에게 말하는데, 나처럼 그냥 지내는 것이 좋다.…자기의 약혼녀와 결혼하는 사람도 잘하는 것이지만 결혼하지 않는 사람은 더 잘하는 일이다"(고린도전서 7:8, 38).

주후 2세기경 성 이냐시오 이후 드디어 독신서원이 사제들의 서품규례로 자리 잡게 되는데, 사도 바울의 권유보다는 "모태로부터 고자로 태어난 사람도 있고, 사람이 만들어서 된 고자도 있고, 또 하늘나라 때문에 스스로 고자가 된 사람도 있다. 이 말을 받아들일 수 있는 사람은 받아들여라"(마태복음 19:12)라는 예수님의 선언에 더 직접적인 근거를 두고 있습니다.

스스로 고자가 되라는 예수님의 말씀을 선뜻 받아들일 수 있는 사람…. 이 사람은 아마도 애틋한 연모의 밤을 알지 못하는, 멋없고 무미건조하며 감수성이 극히 빈곤한 사람이거나, 아니면 저 황홀한 하늘의 신비에 이끌려 사모思慕의 아픔 따위는 쉽게 잊어버릴 수 있는 독특한 기억력의 소유자일는지 모르겠습니다.

가슴 죄는 연정에 이끌려 하늘과 땅 사이를 방황하기에 바쁜 인물이라면, 어느 세월에 신도들의 영성을 탄탄히 지도해가며 공동체를 위한 온갖 궂은 사역을 다 감당해나갈 수 있을까. 이런 사람들은 굳이 평생서원의 굴레를 뒤집어쓴 채 고통스러운 십자가의 길을 걸으려 할 것이 아니라, 아예 불꽃처럼 타오르는 정염의 주인공으로 화려하게 등장하는 편이 더 낫지 않을까. 불쌍한 어린 양들로서는 성소와 침상 사이를 턱없이 헤매기만 하는 목자가 돌아올 날을 마냥 기다리고 앉아 있을 수만은 없는 노릇입니다.

내가 아는 목양牧羊의 윤리로는, 목자는 양들에게 '외롭다'는 말을 입 밖에 내서는 안 됩니다. 상대가 이성異姓의 신자라면 더욱 그렇습니다. 그것은 '외롭지 않게 해달라'는 수상쩍은 유혹의 소리로 들립니다. 목자의 외로움은 오직 하나님께만 호소할 일입니다. 오늘날은 크게 변질되었지만, 목양의 자리는 원래 그 자체가 외로운 자리입니다. 다만 전능하신 하나님만을 의뢰하는 확신이 그 외로움을 능히 극복하게 해줄 것입니다(고린도후서 1:9).

'힘들다, 피곤하다'는 투의 암시도 목양의 윤리로는 금기에 해당합니다. 힘 안 들고 피곤하지 않은 일이 어디 있을까. 무슨 일을 하든지, 힘이 들면 좀 쉬거나 그래도 안 되면 그만두면 되는 것이지, 힘 안 들고 편히 지낼 수 있도록 어떻게 좀 해달라는 구걸은 천박하기 그지없습니다.

이즈음엔 '사랑합니다'라는 말도 너무 흔해빠져서 사랑의 값어치가 그만큼 떨어지고 만 것 같습니다. 전 인격적인 삶의 표현이어야 할 사랑의 고백이 마치 무슨 인사말처럼 아무에게나 예사스럽게 건네지고, 아무 때나 지나가는 말처럼 툭툭 던지는 상투어로 전락하고 말았습니다.

그래서 이제는 '사랑한다'는 말을 아주 조심스럽게 쓰지 않으면 안 될 지경에까지 이르렀습니다. 최근에 문제가 된 미국의 엉큼한 사제들이 어린 청소년들에게 접근하면서 맨 처음 던진 말이 바로 "아이 러브 유I love you"였다고 합니다. 그런데 저들이 쓴 '러브'라는 말뜻을 순진한 청소년들이 그만 오해했던 모양입니다.

교회처럼 사랑이라는 말이 지천으로 넘쳐나는 곳도 드물지만, 교회처럼 사랑이 왜곡되어버린 곳도 없습니다. 종교권력을 거머쥔 직업종교인들을 끔찍이 섬기는 일은 넘칠지언정, 지극히 작은 이를 아끼고 돌보는 사랑의 실천은 오늘의 교회 안에 흔치 않습니다. 수많은 양 무리를 흐뭇하게 바라보는 시선은 있을지언정, 한 마리 길 잃은 양을 찾아 헤매는 사랑의 수고는 찾아보기 쉽지 않습니다.

어느 대형교회 목회자의 스캔들이 장안의 화제가 된 적이 있지만, 이런 일은 이미 교계에서는 비일비재합니다. 한국 교회의 성윤리는 기가 막힐 정도로 타락한 상태입니다. 기독교윤리실천운동본부는 2002년 5월 '한국 교회의 성윤리 회복을 위한 기도회'를 열고, 한국 교회의 갱신을 위해서는 교회 안에서의 성윤리 회복이 무엇보다도 시급하고 필요하다는 인식 아래 "지금은 예루살렘 성전의 타락한 모습을 바라보면서 통곡했던 예수님의 심장을 회복해야 할 때"라고 선언했습니다.

기독교여성상담소는 '교회 내 성폭력 피해사례 신고전화'를 개설한 이래 무려 수백 명의 피해여성들로부터 끔찍한 타락의 실상을 접수해오고 있다고 합니다.

"사랑의 입맞춤으로 서로 문안하라(베드로전서 5:14)는 사도 베드로의 권고를 글자 그대로 서로의 입술과 몸에다 실천했을 뿐"이라는 웃지도 울지도 못할 어이없는 탈선의 평계도 있다고 합니다. 이처럼 왜곡된 사랑의 정의들이 범람하는 거짓 속에서, 사도 바울이 토로한 바 "악한 것을 생각하지 않고 불의를 기뻐하지 않으며 오직 진리와 함께 기뻐하는"(고린도전서 13:5-6) 참사랑을 기대하기란 그야말로 꿈같은 일인지도 모르겠습니다.

"가시나무가 나무들에게 말하였다. 너희가 정말로 나에게 기름을 부어 너희의 왕으로 삼으려느냐? 그렇다면 와서 나의 그늘 아래로 피하여 숨어라. 그렇게 하지 않으면 이 가시덤불에서 불이 뿜어 나와서 레바논의 백향목을 살라 버릴 것이다"(사사기 9:15).

가시나무새를 죽여 그 마지막 울음소리를 즐기는 엽기적 취미를 가진 가시나무는 성서에서 '기름부음 받은 종교적 엘리트'로 나타나기도 하지만 때로는 불같은 혈기, 타락한 종교권력의 상징으로도 등장합니다. 심리학적으로는 '가학적 지배욕구의 투사'라고 할 수 있습니다. 이 사악한 가시나무에게 기름을 붓고 그 음습한 그늘 아래 모여들어 박수를 쳐대는 몽매한 무리들은 결국에는 불타는 가시나무와 함께 헛되이 스러져가고 말 것입니다(열왕기하 14:9; 사무엘하 23:6-7; 욥기 30:7-8; 전도서 7:6).

나는 권유합니다. 눈물겨운 로맨스가 그리운 사람들은 저 랠프 신부처럼 과감히 평생서원의 굴레를 벗어 던지기를…. 단 한 번의 정열을 위해 스스로 가시나무에 몸을 찔러 죽어가면서 마지막 울음을 멋지게 울고픈 가시나무새들일랑, 굳이 계명의 무거운 멍에를 메고 고민하며 이웃의 영혼에까지 깊은 고통을 안겨줄 것이 아니라, 저 가슴 저미는 자유의 창공을 향하여 훌쩍 날아가기를…. 평생서원과 연모의 정, 그 두 개의 매혹을 동시에 거머쥘 수는 없는 일이기에. 그러다가는 로맨스가 그만 스캔들이 되어버릴지도 모를 일이기에.

내 팔로 껴안을 수 있는
아름다움

신앙의 세계에서 세습제도란
있을 수 없는 일이요 아름답지 못한 일입니다.
자기 팔로 껴안을 수 없는 것,
감당하려 해서는 안 되는 일입니다.
그것은 종교적 성취의 욕망을 '대를 물려서'
달성해보려는 것입니다.

자기가 가진 것을 모두 남을 위해 내어주고, 자기 자신을
위해서는 아무것도 남겨두지 않은 사람. _페스탈로찌 묘비
문구

'아름답다'는 말처럼 아름다운 말도 없습니다. '아름'은 한 아름, 두 아름 할 때의 그 아름이고, 그 뒤에 '답다'라는 형용사형 어미가 붙은 말이라고 합니다.

'아름'이란 두 팔을 벌려 껴안은 둘레의 길이를 말하는 것일 터이니, 자기 팔로 껴안을 수 있는 것, 즉 내가 감당할 수 있는 것만큼만을 가지는 것이 아름답다는 말이겠습니다. 아름다움을 구체적인 몸짓을 빌려 표현해내는 우리말의 뜻이 참 아름답지 않은가.

'아름답다'라는 말은 '착하다'는 추상적인 어원을 가진 불어의 '보beau', 영어의 '뷰티플beautiful' 정도로는 담아내지 못하는 멋진 말입니다. 이 뜻에 동의한다면, 내가 껴안을 수 없고 내가 감당할 수 없는 것까지 가지려고 하는 것은 아름답지 못한 일, 즉 추한 일이 되겠습니다.

몇 년 전 영국의 한 촉망받는 젊은 정치인이 뜻밖에 정계은퇴를 선언하면서 이런 성명을 발표했다고 합니다. "물러날 때를 지나서까지 머물러 있는 것보다 더 있어달라고 부탁할 때 물러나는 것이 훨씬 아름답다."

영국의 이 젊은 정치인은 분명 우리말을 모를 텐데도, '아름다움'의 진정한 의미를 알고 있었던 모양입니다. 반면에, 아름답기는커녕 추하기 이를 데 없는 정치인들이 우리 주변에 얼마나 많이 널려 있는지….

어디 정치인들뿐일까. 수십 년 목회를 하고 은퇴한 원로 목사님들이 노후에 안락한 물질적 보장을 받는 것도 모자라서 이제는 자기 아들을 후계자로 데려다 앉히는 일들이 무슨 유행처럼 되어가고, 그 때문에 교회가 심각한 분란에 휩싸이는 것이 오늘 이 땅의 교계가 마주한 슬픈 현실입니다. 이것은 신앙에 전혀 어울리지 않는 세속적 욕망의 표출에 불과합니다.

비교종교학의 입장에서 볼 때 기독교의 독특한 점 중의 하나가 바로 세습제도의 철저한 부정입니다. 예를 들어, 무함마드가 죽은 후에 이슬람 종단의 대표권은 그 친족들의 손에 넘어가 장기간 서로의 피를 흘리는 치열한 종권宗權 다툼으로 이어졌고, 12세기의 로마 교황 알베리쿠스는 열여섯 살 난 자기 사생아에게 교황직을 물려주기도 했습니다. 이에 반해서 예수님은 "누가 나의 어머니며 누가 나의 형제들이냐…. 하늘에 계신 내 아버지의 뜻을 행하는 사람이 곧 내 형제요 자매요 어머니다"(마태복음 12:48-50)라고 말씀했습니다.

물론 예루살렘 교회를 예수님의 동생인 야고보가 일시적으로 대표한 적이 있었지만, 그것도 종단의 종권을 휘두르는 식은 아니었습니다. 더욱이 야고보가 일찍 순교한 이후에는 예수님과 아무런 혈연관계가 없는 베드로와 사도 바울이 초대교회를 이끌어갔습니다. 예수님의 신앙은 혈연과 아무 상관이 없습니다.

신앙의 세계에서 세습제도란 있을 수 없는 일이요 아름답지 못한 일입니다. 자기 팔로 껴안을 수 없는 것, 감당하려 해서는 안 되는 일입니다. 그것은 종교적 성취의 욕망을 '대를 물려서' 달성해 보려는 것입니다. '대를 물려서'라니, 어디서 많이 들어본 말이 아닌가! 바로 세습왕조 같은 독재체제에서의 일이요, 일부 부도덕한 재벌가문들의 이야기입니다.

'내가 세우고 내가 피땀 흘려 개척해서 키워낸 내 교회'라고 말한다면 부자끼리 세습하는 일을 가리켜 굳이 "껴안을 수 없는 것을 껴안으려 한다"고 얼굴을 찌푸릴 필요가 없겠습니다. 그 사람은 교회가 하나님의 것이 아니라 자기의 것이라고 믿고 있기 때문입니다.

그러나 저들 자신의 입술로 늘 고백하는 바와 같이 교회가 하나님의 것이요 그리스도가 교회의 머리라고 한다면, 세습이란 전혀 가당치 않은 욕심임에 틀림없습니다.

작가 박완서의 글투를 따르자면 '깊은 산 속, 인적이 드문 바위 틈에서 누가 보건 말건 열심히 싹을 틔우고 부지런히 꽃봉오리를 맺는 저 이름 모를 들꽃 한 송이'가 솔로몬의 화려한 영광보다 더 귀하고 아름답다고 여기는 것이 신앙인의 눈입니다(마태복음 6:28). 어찌 목회세습과 같은 헛된 영광을 구하느라 신앙의 아름다운 눈을 더럽힐 것인가.

근대교육의 아버지라고 불리는 페스탈로찌 선생은 9세 때 라틴어를 공부했고 취리히 대학에서 신학과 법학을 전공한 수재였지만, 엉뚱하게도 농업가가 될 것을 결심하고 대학을 중퇴한 후 고향에 돌아가 밭을 갈고 씨를 뿌렸습니다. 그리고 고아원을 세워 전쟁 고아들을 돌보는 한편, 빈민들을 위한 학교를 설립하여 그들의 어린 자녀를 위한 교육에 온 힘을 쏟았습니다. 나중에는 스스로 고아원 원장이 되어 72명의 아이들과 함께 먹고 자며 손수 노동을 했습니다.

페스탈로찌 선생의 묘비에는 이런 글귀가 쓰여 있습니다. "자기가 가진 것을 모두 남을 위해 내어주고, 자기 자신을 위해서는 아무것도 남겨두지 않은 사람."

자기 자신뿐 아니라 제 자식을 위해서까지도 많은 것을 남겨두고 싶어 하는 사람들에게 페스탈로찌의 묘비명이 무서운 영적 도전으로 다가갈 수 있을지 모르겠습니다.

기독교윤리실천운동단체에서는 '유산 물려주지 않기 운동'을 벌이고 있습니다. 자식이 감당할 수 없는 많은 재산을 제 자식들에게만 유산으로 물려주지 말고 가난한 이들과 소외된 이웃들을 위해 다 쓰고 죽자는 운동입니다. 이것은 마치 자식을 사랑하지 않는 일처럼 보이기도 하지만 실은 자식을 참으로 사랑하는 일입니다. 또한 "여기 내 형제자매 가운데 지극히 보잘것없는 사람 하나에게 한 것이 곧 내게 한 것이다"(마태복음 25:40)라고 말씀한 예수님의 이웃사랑을 성실히 실천하는 일이기도 합니다.

전라남도 장성에 있는 '한 마음 공동체'라는 단체는 유산관리위원회를 결성하여 자녀들에게 재산을 상속하지 않고 공동체의 모든 구성원들이 공유할 수 있도록 하는 결정을 했다고 합니다.

일본에는 "자식에게 기름진 논을 남겨주지 말라"는 속담이 있고, 탈무드에도 "자식이 정말 바보가 되기 전에는 유산을 물려주지 말라"는 격언이 있습니다. 불필요하게 많은 재물이 자식의 영혼을 병들게 한다는 것을 가르치는 교훈들입니다.

물려주어야 할 것은 유산이 아니라 올곧은 인격이며, 세습할 수만 있다면 안정된 당회장의 자리가 아니라 정갈한 삶의 자리를 세습해야 할 것입니다.

내 팔로 껴안을 수 있는 것, 내가 감당할 수 있는 것만을 바라는 아름다움이 점점 사라져가는 오늘의 세태 속에서 아름다움의 진정한 의미를 새롭게 되새겨보는 것은 또 얼마나 아름다운 일인가.

왜 어깨주름에
집착하는가

문제는 예복을 입느냐 마느냐 하는 것이 아니라
그 예복이 가리키는 정신입니다.
예복을 걸친다고 숨겨진 부끄러움의 허물이
감춰지는 것이 아닙니다.
또 예복을 입지 않는다고 해서 없던
허물이 생겨나는 것도 아닙니다.

신부에게 빛나고 깨끗한 고운 모시 옷을 입게 하셨다. 이
고운 모시 옷은 성도들의 의로운 행위다. _요한계시록 19:8

내 경험담부터 한마디 해야겠습니다. 교회에서 장로 장립을 경험해본 분들은 다 잘 아는 일일 터인데, 행사 순서에 성의聖衣 착용이라는 것이 들어 있습니다. 신출내기 장로에게 검고 긴 가운을 입혀주는 순서인데, 나로서는 그때처럼 곤혹스러웠던 기억이 또 없습니다.

'아이쿠, 내 주제에 무슨 성의를 다 입어보다니….' 거룩한 옷을 입게 되어 고맙고 황송해서만이 아니라, 그보다는 오히려 민망하고 쑥스럽기 짝이 없어 저절로 튀어나온 탄식에 가깝습니다. 장립식의 주인공이 속 깊은 탄식을 몰래 머금어야 했던 비밀 이야기입니다.

섬김을 받는 직분이 아니라 진정으로 남을 섬기는 직분이라면, 이런 형식적인 겉치장에 어찌 얼굴을 붉히지 않을 수 있을까. 이런 것이 사도 바울과 마르틴 루터의 후예라는 사람들이 해야 할 일이라니…. 예수님의 제자들이 언제 이런 엉뚱한 일에 열중한 적이 있었던가.

나는 평소에 '종교적으로 멋있고 화려하게 보이는 것일수록 신앙적으로는 대부분 불량품이거나 가짜에 속한다'고 보는 편입니

다. 예배의 설교나 기도 순서를 맡은 사람들이 강단에 오를 때마다 습관적으로 몸에 걸치는 소위 성의라는 예복을 내가 자못 꺼리는 이유도 그와 다르지 않습니다.

재판관들이 법정에 들어갈 때 입는 법복은 헌법적 사법권을 상징하는 것이지만, 어차피 제도적·인위적 권위의 표상에 불과합니다. 그러나 설교와 기도는 제도적·인위적 권위로써 하는 일이 아닙니다. 영적 은총이요 신앙적 책무이며 그 자체로 이미 영광스러운 소명입니다. 더 이상 무슨 권위와 치장이 필요할까. 여기에 제도종교의 치명적 약점이 있다는 생각을 떨쳐버릴 수 없습니다.

성의니 가운이니 스톨이니 하는 것들을 이제는 벗어버릴 때가 되었다고 늘 제안해보지만, 번번이 퇴짜를 맞곤 합니다. 아마도 내 신앙을 약간은 의심(?)하는 듯한 저 무수한 눈길들로부터 말입니다. 그래도 또 제안해볼 생각입니다.

예수님도 엄숙한 가운을 몸에 걸쳐본 적이 없는 것으로 알고 있지만, 오늘날엔 그 성의라는 것도 직분의 차등에 따라 어깨주름의 숫자가 다르다고 합니다. 안수집사는 주름이 하나, 장로는 둘, 목사는 셋이랍니다. 심지어 박사학위를 지닌 어떤 목사님은 무려 네 개의 어깨주름이 접힌 가운을 즐겨 입는다는데, 이것은 엄격한 위계적 조직체인 가톨릭에도 없는 일입니다.

믿을 만한 분으로부터 전해들은 바에 따르면, 어느 수상쩍은 외국 신학교에서 몇 개월 만에 갑자기 목회학 박사학위를 받아온 어떤 목사님은 다른 곳에 강사로 초대되어 갈 때도 행여 그곳에 어깨주름 네 개짜리 예복이 준비되어 있지 않을 경우에 대비해 주름 네 개짜리 자기 가운을 꼭 싸들고 가신답니다.

목에 스톨 걸치기를 아주 좋아하는 어떤 목사님을 아는데, 이분은 하루에 결혼식과 장례식을 모두 집례해야 하는 날이면 목에다 흰 스톨과 검은 스톨을 번갈아 매느라 정신이 없습니다. 헷갈리기라도 하는 날이면 마치 끝장이라도 나는 것처럼 무척 신경을 씁니다. 그 절반만큼이라도 마음과 영성 준비에 더 신경을 썼으면 하는 생각이 들 정도입니다.

자신의 인격으로 오죽 신뢰를 주지 못했으면, 자신의 삶으로 오죽 신앙적 권위와 모범을 나타내지 못했으면 가운이니 스톨이니 하는 따위에 저토록 집착할까 싶은 것이 여간 안쓰럽지가 않습니다.

스톨stole이라는 말이 참 재미있습니다. 로마시대 여성들이 어깨에 장식용으로 걸치던 '스톨라stola'에서 유래되었다는데, 영어로는 '훔치다'라는 뜻의 동사 'steal'의 과거형인 'stole'과 글자가 꼭 같습니다. 무엇을 훔친 것일까? 진실을 훔친 거짓의 표상인지, 존경과 신뢰의 시선을 훔친 위선의 징표인지….

성의니 가운이니 스톨이니 하는 것들을 그토록 애지중지하는 것은 일종의 상징숭배에 다름 아닙니다. 종교적 상징물은 잡을 수도 없고 볼 수도 없는 영원한 초월의 세계를 신도들이 보거나 들을 수 있게끔 기호나 무늬로써 나타낸 형상입니다. 신상이나 불상처럼 인격적인 것도 있지만, 원불교의 원圓이나 기독교의 십자가처럼 함축적 이미지의 형상물이 더 많습니다.

이집트의 종교에 특히 상징적 표현이 많고, 아메리카 인디언의 종교에도 상징숭배 현상이 뚜렷합니다. 예를 들어, 스키디포니 티페와 나바호 등 부족들은 상징물의 빛깔로, 아라파호 족은 십자성十字星으로, 다코타 족은 원의 형상으로 저들의 신앙을 표현했다고 합니다.

상징의 어원인 '심벌symbol'은 그리스어의 '심볼론symbolon'에서 나온 말인데, 부적符籍과 같은 의미이며 기호記號라는 뜻도 일부 내포하고 있습니다. 그러나 기호는 어떤 사물의 성질을 직접적으로 나타내는 것이지만, 상징은 그것을 매개로 해서 다른 사물을 인식하게 해주는 정신작용인 점에서 서로 구별됩니다. 이것을 '상징의 참여'라고 말합니다. 예컨대 십자가는 그리스도의 영적 사역의 상징이지만, 십자가의 파괴가 종종 그리스도 자신에 대한 모독으로 간주되는 것은 그 둘 사이에 대체할 수 없는 상호참여의 관계가 있기 때문입니다.

성서는 그 첫머리에서부터 '신의 형상화'를 금지하고, 모든 종교적 상징물들을 우상으로 단죄합니다.

"너희가 섬기려고 위로 하늘에 있는 것이나 아래로 땅에 있는 것이나 땅 아래 물 속에 있는 어떤 것이든지, 그 모양을 본떠서 우상을 만들어서는 안 된다. 너희는 그것들에게 절하거나 그것을 섬기지 못한다"(출애굽기 20:4-5).

이것은 고대의 다른 어느 종교에서도 유례를 찾아볼 수 없는 야훼 신앙만의 고유한 특성입니다.

모든 고대종교들이 그들의 신을 표상하는 형상이나 상징물을 소유하고 있고 또 사제와 평신도를 엄격히 구별하여 사제계급에게 종교적 권위를 상징하는 신성한 예복을 입혔습니다. 구약에도 제사장의 예복에 관한 엄격한 율법규정이 들어 있습니다. 대제사장이 입는 에봇ephod은 가슴과 등을 앞뒤로 덮는 조끼 모양의 상의인데(출애굽기 28:25), 특별히 하나님의 뜻을 묻고자 할 때나 중요한 사안의 판결을 구할 때 입는 예복이었습니다(출애굽기 28:6-30).

미디안을 쳐서 이긴 기드온은 그 포획물로 에봇의 모형을 본뜬 금상 하나를 만들어 자기의 성 안에 두었다가 온 이스라엘이 그것을 음란하게 섬김으로 기드온과 그 집에 올무가 된 일이 있었습니다(사사기 8:27). 종교적 상징물에 집착하는 우상숭배의 본성이 그대로 드러난 사건입니다. 기드온은 이스라엘과 이방인들 앞에 하나님의 영광을 크게 드러낸 인물이었지만, 빗나간 종교적 상징숭배 때문에 실패에 빠진 사람이기도 합니다.

종교적 상징의 왜곡된 열정으로 인해 우상숭배의 나락으로 떨어지는 것은 비단 기드온과 이스라엘의 일만이 아닙니다. 상징숭배는 오늘의 그리스도인들에게도 올바른 신앙의 길에 큰 걸림돌이 되고 있음을 어디서나 볼 수 있습니다.

문제는 예복을 입느냐 마느냐 하는 것이 아니라 그 예복이 가리키는 정신입니다. 예복을 걸친다고 숨겨진 부끄러움의 허물이 감춰지는 것이 아닙니다. 또 예복을 입지 않는다고 해서 없던 허물이 생겨나는 것도 아닙니다.

사도 요한은 "어린양의 신부가 입은 빛나고 깨끗한 세마포(모시 옷)는 곧 성도들의 의로운 행위"(요한계시록 19:8)라고 썼습니다. 신앙인의 예복이란 다른 것이 아닙니다. 올바른 삶이요 올곧은 행실입니다. 미움과 거짓을 떨치려고 애쓰는 인격이며, 진실하고 정직한 삶을 지향하는 발걸음입니다. 삶과 행실은 말할 수 없이 더럽고 천박한데 몸에만 근엄한 예복을 걸친다고 해서 바른 제사장이 되지는 않습니다.

종교적 상징은 물건이나 형상에만 국한되지 않습니다. 오히려 사람이나 직분 자체를 신성시하는 인격의 우상화가 더 무섭습니다. 연면한 종교사 속에서 우리는 사제나 직업종교인들을 우상화해온 사례와 경향들을 숱하게 만날 수 있습니다.

루스드라에서 앉은뱅이를 일으킨 사도 바울과 바나바에게 그곳 사람들이 "제우스와 헤르메스의 환생"이라는 칭송과 함께 제사의 예식을 바치려 하자 바울과 바나바는 자신들의 옷을 찢어 탄식하며 제사를 금지시켰습니다(사도행전 14:8-18). 자신들이 종교적 우상으로 전락되는 것을 끔찍한 죄악으로 여겼기 때문입니다. 그러나 오늘날 얼마나 많은 종교인들이 섬김 받는 우상으로 변질되는 것을 끔찍이도 좋아하고 있는지….

종교적 상징은 궁극적·절대적 대상인 초월자를 나타내려는 것이지만 상징 그 자체는 제한적이고 상대적인 것에 불과합니다. 이처럼 제한적·상대적인 종교의 상징물을 성스러운 초월적 대상과 동일시하고 싶어 하는 것이 인간의 본성인데, 이 때문에 상징이 가리키는 초월을 버리고 상징 그 자체에만 집착하는 우상화의 경향이 끊이지 않습니다. 불가에서 말하는 견지망월見指忘月의 뜻도 이와 크게 다르지 않을 것입니다.

중세 가톨릭의 교황무오설은 대표적인 사제우상화의 한 예이지만, 오늘날의 개신교 안에도 직업종교인들에게 신적 권위와 절대적 종교권력을 부여하려는 우상화의 상징조작들이 꾸준히 시도되고 있음을 자주 봅니다. 그러나 이것은 모든 이단들의 예외 없는 공통점입니다.

상징이 우상화되면 상징 본래의 올바른 기능에 충실할 수 없습니다. 직분이나 옷이나 겉치장에 과도하게 집착하는 것은 변형된 상징숭배의 속임수요, 야훼께서 그토록 미워하시는 우상의 그늘에서 그다지 멀지 않습니다. 먼 나라의 옛 이야기가 아닙니다. 바로 오늘 이 땅의 이야기입니다. 그런데도 여전히 저 '성의'라는 것을 몸에 걸쳐야 할는지….

시대의 몽환을 좇는 종교

인터넷의 가상공간, 꿈결 같은 이미지의 영상들이
현실을 대체해버린 오늘, 종교마저 시대의 몽환을 좇아가느라
삶과 영혼의 진실을 가벼이 내어버린다면
그 허망한 바벨탑을 겨냥한 역사의 포탄 한 발이
또 어디에선가 날아들지 않을까.

> 교회는 역사와 시대에 항상 영향을 끼쳐야 하며, 그 반대
> 가 되어서는 안 된다. _요한 23세

"교황은 역사를 썼고 세계를 변화시켰다." 몇 해 전에 서거한 로마 교황 요한 바오로 2세에 대한 전 독일 총리 슈뢰더의 회고입니다. 중세의 종교재판과 십자군전쟁, 현대의 나치 묵인과 같은 가톨릭의 과오를 진솔하게 사죄했을 뿐 아니라 분쟁이 그칠 날 없는 세계를 향하여 관용과 사랑을 호소해온 교황은 가톨릭 신자들은 물론 많은 비신앙인들로부터도 '평화의 사도, 행동하는 교황'으로 크게 존경받았습니다.

"교황의 지속적인 인권운동과 의지가 동유럽에서 철의 장막을 걷어내는 데 큰 역할을 했다." 냉전체제를 종식시킨 페레스트로이카의 주역 M. 고르바쵸프 전 소련 대통령의 묵직한 증언입니다. 실제로 요한 바오로 2세가 조국 폴란드의 자유화, 베를린 장벽의 붕괴, 동구권 공산주의의 몰락 등에 끼친 영향력은 이 무신론자의 말처럼 매우 컸습니다. 그의 발길이 닿는 곳마다 독재체제의 붕괴가 도미노처럼 이어지면서 민주항쟁의 승리라는 20세기의 신화가 만들어졌습니다. 교황이 조국 폴란드를 방문한 뒤 '공산체제에서의 자유노동조합'이라는 기막힌 아이러니에 직면한 야루젤스키

군부독재정권은 결국 자유총선거를 실시하여 노동자 출신의 레흐 바웬사에게 정권을 넘기지 않을 수 없었고, 필리핀에서는 교황 방문 2년 뒤에 독재자 마르코스 대통령이 축출되었습니다.

그러나 역대 교황들 모두가 고인 같은 평화의 사도는 아니었습니다. 4세기 초의 기독교 공인 이후 부단히 정치적 힘을 키워온 바티칸은 1077년 신성로마제국 황제 하인리히 4세를 교황 그레고리우스 7세 앞에 무릎 꿇린 '카노싸 굴욕 사건'을 계기로 '교황이 황제보다 우위'라는 교황황제주의papocaesarismus를 확립했고, 13세기 교황 이노센트 3세 때는 교황이 황제들과 나라들의 운명을 좌지우지하는 유럽 최고의 절대군주로 군림하기에 이릅니다.

황제들만이 교황의 적은 아니었습니다. 종교권력에 눈먼 정치사제들은 세속의 정치싸움이 무색할 만큼 치열한 내부 권력투쟁을 벌였는데, 역사상 열네 명의 교황이 폐위되었고 여덟 명이 암살, 네 명이 추방당했으며, 즉위 5개월 만에 스스로 교황직을 떠난 고결한 인품의 첼레스티누스 5세는 하이에나 같은 후임 교황에 의해 감옥에 갇힌 채 독살당했습니다.

그런가 하면, 사기 전과자인 갈리토스, 여러 여자들에게서 사생아를 아홉 명이나 낳은 알렉산드로 6세, 면죄부를 팔아 흥청망청 탕진한 레오 10세처럼 '일 빠빠Il Papa(아버지)'의 정겨운 칭호와는 전혀 어울리지 않는 저급한 인격의 정치교황들은 죽을 때까지 별 탈 없이 교황의 옥좌에 앉아 있다가 선종(?)했습니다.

1870년 교황청의 주권을 인정하지 않은 통일이탈리아의 국부

G. 가리발디는 무엄하게도 교황청에다 대포를 발사합니다. 거룩한 (?) 바티칸을 이탈리아 영토에 편입시켜버린 포탄 한 발은 신정 제국에게 정치적 종말이라는 비극을 안겨주었지만, 그 이후의 교황들로 하여금 부득불 세속의 때를 씻고 신앙과 영성의 본령으로 돌아오도록 뉘우치게 만든 점에서는 더없는 은총이었습니다.

1929년 무솔리니와 체결한 라테란 조약으로 바티칸 시국이 독립주권을 회복하자, 교황 비오 12세는 그 희대의 파시스트에게 '신의 섭리를 따르는 사람'이라는 찬사를 바치고 파시즘은 물론 나치의 아우슈비츠 대학살에도 눈을 감습니다. 썩어빠진 정치종교가 사악한 세속권력에게 무릎 꿇은 '역逆 카노싸 굴욕 사건'쯤 된다고 할까.

1500년이 넘도록 서구역사를 주물러온 바티칸의 힘이 세속적 정치투쟁에서 나온 것이었다면, 20세기 들어 더할 나위 없이 왜소해진 교황청이 도리어 세계인들에게 깊은 감화를 끼치며 역사의 향방까지 제시할 수 있었던 것은 '비폭력 글로벌 플레이어'로서의 정신적 영향력, 타락한 종교권력이 무너진 자리에 비로소 싹터 오른 양심과 도덕성, 그 진실의 힘임에 틀림없겠습니다.

뛰어난 개방과 관용의 행적에도 불구하고 요한 바오로 2세는 낙태, 동성애, 안락사, 생명공학 등 윤리적으로 민감한 사안에서 어김없이 보수적 입장을 견지하여 진보파로부터 거센 비판을 받았지만, 그 비판론자들도 국경과 종교를 초월한 추모 분위기에 기가 질렸는지 그만 입을 다물어버렸습니다. 바티칸의 위상은 그만큼 드높아졌습니다.

요한 바오로 2세에 대한 세계적인 추모의 열기에 저 근엄한 교황청의 추기경들도 무척 고무되었던가 봅니다.

면죄부를 팔아 지어 올리다가 종교개혁의 실마리가 되었던 성 베드로 대성당 지하에 요한 바오로 2세의 시신을 안치한 교황청은 고인에게 한때 '대교황Pope The Great'의 칭호를 헌정하는 것까지 검토했다고 합니다. 역대 264명의 교황 중에서 오직 단 두 사람, 5-6세기의 레오 1세와 그레고리우스 1세에게만 헌정되었던 그 '대교황'의 칭호를….

"믿게 하려면 먼저 무릎을 꿇게 하라." 레닌의 신조입니다. 어떤 신념의 체계를 유지하는 데 종속관계만큼 효과적인 방책이 없다는 뜻입니다. 아이로니컬하게도 이 비종교인의 신념을 종교인들만큼 유용하게 써먹는 경우도 드뭅니다. '신의 대리자'라는 영적 권위로 신도들의 무릎을 꿇리고 그 영혼을 예속시키는 종교권력이 똬리를 틀면 틀수록 신앙은 타락의 길로 빠져들 수밖에 없습니다.

콘클라베(Conclave, 교황을 선출하기 위한 추기경들의 비밀회의)가 열린 지 불과 이틀 만에 시스티나 성당 굴뚝에 흰 연기가 피어오르자 발을 구르며 열광하던 성 베드로 광장의 순례자들은 새 교황의 얼굴을 보기 위해 한 시간이나 더 초조하게 기다려야 했습니다. 드디어 독일인 베네딕토 16세가 높은 발코니에 붉은 교황의 예복을 입고 나타나 유창한 라틴어로 축복을 내리자 군중은 넋을 잃은 듯

외쳐댔습니다. "비바 일 빠빠Viva Il Papa!(교황 만세)"

세계 각국의 국가원수들이 참석한 즉위미사강론에서 새 교황은 타종교와의 대화를 지속적으로 추진하겠다는 개방적 의지를 밝혀 40만 관중의 열렬한 박수를 이끌어내면서 보수적 교리주의자라는 그간의 비판을 단번에 잠재우는 정치적(?) 역량을 과시했습니다. 어떤 신도는 "하나님을 만났다"며 감격해 마지않았지만, 한 냉소적 언론은 "판타지의 깜짝 이벤트 연출"이라고 꼬집었습니다.

정치·경제·문화·종교를 가릴 것 없이 모두가 판타지로 대중을 유혹하고 이미지로 승부를 걸어 한판 이벤트로 결판을 내버리는, 참을 수 없이 가벼운 포퓰리즘의 시대…. 새 교황의 바티칸이 사람의 넋을 빼는 판타지의 종교성, 타부taboo의 베일로 가린 신성의 이미지, 영혼을 유혹하는 이벤트식 성례전들로 정치적·종교적 권력을 되살려보려는 의도야 물론 아니겠지만, 반세기 전 요한 23세가 남긴 한마디 말이 마치 예언처럼 울려오는 것 또한 어쩔 도리가 없습니다.

"교회는 역사와 시대에 항상 영향을 끼쳐야 하며, 그 반대가 되어서는 안 된다." 1962년, 추기경들을 배제하고 독단적으로 저 역사적인 제2차 바티칸 공의회를 소집하여 가톨릭의 쇄신과 영성의 회복에 크나큰 획을 그었던 진정한 개혁의 기수 요한 23세가 대중시대에 아부하는 현대종교에게 준 경고입니다.

세속군주들을 무릎 꿇린 막강한 권세로 신자들의 영혼을 유린했던 정치교황들의 종교권력은 가리발디의 포탄 한 방에 무너졌습니다. 그러나 그 실패와 좌절을 도리어 양심과 진실이 회복되는 은총의 기회로 삼은 요한 23세 같은 지도자가 있었기에 바티칸은 지금껏 세계인들에게 깊은 정신적 감화와 영향력을 끼쳐올 수 있었습니다.

요한 바오로 2세의 서거로 전 세계적 관심을 모은 바티칸이 10개 국어에 능통하다는 교리주의자 베네딕토 16세의 즉위를 계기로 다시금 교리 중심의 근본주의 체제로 돌아가거나 또는 저 옛적의 권위주의적 가부장 체제로 회귀하지 않을까 우려하는 목소리가 없지 않았습니다. 그러나 당시 나의 우려는 조금 달랐습니다.

꿈 많은 젊은이들은 《해리 포터》와 《반지의 제왕》과 인터넷 게임의 판타지에 몰입하고, 역사의 현실을 짊어진 어른들은 실사구시實事求是가 아닌 장밋빛 미래의 환상에 푹 빠져들고 있는 이즈음, 신비로운 판타지라든가 강렬한 이미지 또는 열광적 이벤트 따위로 대중성을 낚아보려는 종교적 포퓰리즘을 나는 더 걱정하는 편입니다.

인터넷의 가상공간, 꿈결 같은 이미지의 영상들이 현실을 대체해버린 오늘, 종교마저 시대의 몽환을 좇아가느라 삶과 영혼의 진실을 가벼이 내어버린다면 그 허망한 바벨탑을 겨냥한 역사의 포탄 한 발이 또 어디에선가 날아들지 않을까. 부패한 정치종교든 교리적 근본주의든 또는 종교적 포퓰리즘이든, 그 모두가 자유로운 영혼의 호흡을 옥죄는 위선의 종교권력들과 아무 다를 바 없기에.

제2부
거꾸로 가는 시대의 바로 서기

일치,
자유, 사랑

좌와 우의 어느 한 길만으로 자족할 수 있는
시대나 사회는 없습니다. 좌가 있기에 우가 있을 수 있고,
우가 없다면 좌도 있을 턱이 없습니다.
서로의 존재가치는 상대적입니다. '대결의 상대'가 아니라
'소통의 상대'로서 말입니다.

> 본질적인 것에는 일치를, 비본질적인 것에는 자유를, 그리고 모든 것에서 사랑을! _멜데니우스

오늘 우리 사회는 정치·경제·문화·학문 등 거의 모든 부문에서 도를 넘은 갈등과 분열의 중병을 앓고 있습니다. 전 세계적 불황에 따른 경제위기가 매우 심각한 상황인데도 나라의 역량을 한데 모아 조속히 경기회복과 사회안정을 이뤄낼 책임이 있는 정치권은 화급한 민생관련법안의 처리마저도 뒷전으로 밀어둔 채 끝 모를 대치상태로 국민의 여망을 저버리고 있습니다.

국회의원들 스스로 '신성'하다고 말하는 국회의사당을 전기톱으로 손상시킨 의원들이 농성장을 사수하겠다면서 서로의 몸을 쇠사슬로 묶어 엮는 엽기적인 행위로 많은 국민들의 가슴을 조마조마하게 만든 것이 불과 얼마 전의 일입니다. 당시 주요 외신들이 한국 국회의사당의 난투극 장면을 세계 곳곳에 긴급 타전한 탓에 우리의 국격國格을 말도 아니게 떨어뜨리고 말았습니다.

게다가 그토록 험악하게 뒤엉켜 싸운 뒤 각기 검찰에 달려가 상대방을 처벌해달라며 앞다퉈 고소장을 제출한 여야의원들이 폭력국회회기가 끝나자마자 다정하게 어울려 해외여행에 함께 나서기로 합의했다든지, 어제까지 치고받던 싸움터의 양쪽 지휘관인 원

내대표들이 텔레비전 오락 프로에 함께 나와 활짝 웃으며 어깨동무를 하고 유행가를 불렀다든지, 난투전의 승리감에 도취된 일부 의원들이 국회회기 중인데도 부부 동반으로 해외골프관광에 나서 금쪽같은 달러를 펑펑 써댔다든지 하는 뉴스를 접하노라면, 이 사람들의 정신이 과연 온전한가, 우리 국회의 수준이 겨우 이 정도밖에 안 되는가 하는 탄식을 억누르기 어렵습니다. 이쯤 되면 분노를 터뜨리는 것조차 아까울 지경입니다. 동정심이라도 잃지 않으면 그나마 다행이겠습니다.

그러나 제정신이 아닌 것은 국회의원들만이 아닙니다. 좌와 우로 깨끗이 편을 가른 각계의 지도층 인사들은 아직도 서로를 헐뜯기에 여념이 없습니다. 부르주아지의 노름인 브리지 게임을 즐기던 덩샤오핑鄧小平을 수정주의자로 몰아 숙청했던 중국이 지금은 덩샤오핑의 개혁개방정책에 힘입어 자본주의 시장경제를 발 빠르게 발전시켜가는 중이고, 프랑스에서는 좌파의 석학 J. 아탈리가 우파정부의 성장촉진위원회를 이끌며 사르코지 대통령의 개혁정책 밑그림을 그려냈습니다. 이처럼 좌와 우가 서로 소통하는 통섭 Consilience의 시대이건만, 우리는 아직도 남북의 체제갈등, 좌우의 이념대립, 지역의 동서분열, 노사와 계층의 알력으로 경제회생보다 사회통합이 더 절실한 국가적 과제가 되어 있는 형편입니다.

법치주의는 자유민주체제의 필수적 전제조건입니다. 그 법치사회의 최전방에 서 있는 법조인들마저 △변, ▢변 등의 모임을 따로따로 만들어 일마다 때마다 부딪치지 않는 적이 거의 없습니다. 어떤 정치적·사회적 이슈가 제기되더라도 그네들의 법률적 견해나 대응방법은 신기하리만치 정반대로 딱딱 갈라지곤 합니다. 아무리 원수처럼 지내는 사이라도, 살다보면 생각이 같은 경우가 때로는 있을 법도 하련만….

그래서 △변, ▱변을 아예 대놓고 '좌변, 우변'으로 부르는 사람도 없지 않습니다. 법률가들이 좌우의 이념갈등으로 분열되어 있다는 뜻입니다. 실제로 ▱변에서 활동해온 상당수의 법조인들이 지난 정권에서 고위공직에 진출한 예를 보더라도 그런 호칭이 딱히 틀렸다고 말하기는 어렵습니다.

인터넷 공간에서 북적대는 일반시민의 여론도 별반 다르지 않습니다. 무슨 사안에서든지 좌와 우의 양극단으로 나뉘어 격렬한 싸움을 벌이면서 차마 입에 담지도, 글로 나타내지도 못할 욕지거리를 거침없이 쏟아냅니다. 웬만한 욕설 댓글은 욕설로 들리지도 않을 만큼 온통 상스러운 말투성이입니다. 21세기 문명의 대명사격인 최첨단 IT 기술로 세계적 명성을 얻은 '인터넷 강국'의 이름이 여간 부끄럽지 않습니다.

익명의 악플을 규제하기 위한 입법이 추진되고 있지만, 이마저도 또 다른 논란거리가 되어 찬반 간에 서로 욕지거리를 쏟아댑니다. 어디를 둘러봐도 건강한 소통의 흔적을 찾아보기가 쉽지 않습니다.

좌와 우의 어느 한 길만으로 자족할 수 있는 시대나 사회는 없습니다. 좌가 있기에 우가 있을 수 있고, 우가 없다면 좌도 있을 턱이 없습니다. 서로의 존재가치는 상대적입니다. '대결의 상대'가 아니라 '소통의 상대'로서 말입니다.

　삶과 역사의 진실은 좌와 우, 보수와 진보를 명쾌하게 구분할 수 있을 만큼 단순한 것이 아닙니다. 진보를 죄악시하며 보수만이 옳다고 우기는 극우도, 보수를 체질적으로 싫어하면서 진보만이 정의라고 외치는 극좌도 모두 삶과 역사를 통전적으로 바라보지 못하는 사시斜視의 편견일 뿐입니다. 보수가 있어야 진보의 가치가 살아나고 진보가 있어야 보수의 빛이 드러나는 법이니, 오직 중용과 소통의 균형감이 아쉬울 따름입니다.

　기존의 가치에 무비판적으로 매달려 다른 것과의 소통이나 새로운 것과의 교류를 완강히 거부하는 극우는 교류와 소통이 가져올 변화를 두려워하는 '비굴한 퇴보주의, 폐쇄적 수구주의'에 다름 아니고, 극단적인 부정과 저항을 미덕으로 여기는 극좌는 마치 선과 정의를 독차지한 듯 아무 때나 아무 데서나 마구 꾸짖고 주먹질을 해대는 '오만한 원리주의, 독선적 교조주의'를 벗어나지 못합니다. 그러나 선과 오만은 어울릴 수 없습니다. '오만한 선'이란 한낱 형용모순 *contradictio in adjecto*에 지나지 않습니다.

　새로움을 두려워하지 않는 '열린 보수'는 건강하고, 전통적 가치에 대해 예의를 갖출 줄 아는 '겸손한 진보'는 매력적입니다. 정체성을 튼실히 갖춘 사회일수록 다른 세계와 호흡을 나눌 수 있는 소통의 문을 갖추어야 합니다.

　어느 사회든지 진정한 위기는 외부가 아니라 내부에서 나옵니다. 외적의 침입보다 더 무서운 것이 공동체의 밑동을 안에서 갉아

먹는 내부분열입니다. 그래서 아마도 R. 에머슨은 "국가는 자살에 의하지 않고는 결코 쇠망하지 않는다"고 슬픈 익살을 토해냈는지 모르겠습니다.

나라의 분열은 대부분 개인의 권력욕이나 특정계층 또는 집단의 이기심에서 비롯됩니다. 의회민주주의에서 여야의 대결은 당연하고도 긍정적인 정치과정으로 이해되지만, 그 대결이란 것이 정책의 경쟁을 벗어나 공동체의 연대의식마저 뒤흔드는 물리적 난투극에까지 이르는 정도라면 나라는 결국 에머슨이 말한 자살의 불행으로 귀결될 위험이 매우 큽니다.

좌우의 대립, 보수와 진보의 싸움은 가없는 역사발전의 지평에서 바라보면 드넓은 대양 속의 한낱 포말처럼 부질없는 한바탕 소동에 불과할 수 있습니다. 성장의 당위성이 소외계층의 아픔을 외면하는 구실이 되거나, 평등의 이념이 공동체를 분열시키는 위선적 도그마의 칼날로 둔갑해서는 안 되는 이유입니다.

오늘 우리 사회의 병적인 분열현상에 대해 여러 가지 진단과 대책이 가능하겠지만 "본질적인 것에는 일치를, 비본질적인 것에는 자유를, 그리고 모든 것에서 사랑을*In necessariis, unitas; in non necessariis, libertas; in utrisque, caritas!*"이라는 17세기 신학자 멜데니우스Rupertus Meldenius의 고리타분한 처방에 솔깃해집니다.

멜데니우스는 신학적 논쟁의 자세에 대해 말한 것이지만, 나는 이것을 국가사회에 적용하여 "나라의 정체성과 사회의 자유민주적 토대를 지키는 근본 문제에서는 모두 하나로 뭉쳐야 하지만, 그

밖의 다양한 삶의 자리에서는 각자의 개성과 자유가 존중되어야 하며, 이 모든 인간적·사회적·국가적 관계 속에서 언제나 관용과 상생과 사랑의 힘이 발휘되어야 한다"는 뜻으로 읽습니다. 사랑 amor이라는 말에는 죽음morte을 부정하는 뜻이 들어 있습니다. 죽지 않으려면 사랑해야 하고, 미워하면 죽는다는 의미가 됩니다.

서로가 양심을 내세워 비양심적인 대결을 일삼고, 각기 제 신념만을 강요하며 불신의 골을 깊이 파들어가는 이 모순과 갈등의 사회야말로 멜데니우스가 외친 '일치, 자유, 사랑'의 의미를 곱씹어 보아야 할 충분한 이유를 지닙니다. 이 땅이 우리 모두에게 '살 맛 나는 일터, 일할 맛 나는 삶의 터전'이 되게 하기 위하여.

거꾸로 가는 시대의 바로 서기

인문화란 '성찰과 자기혁신을 통한 전인적인 사람됨의 길'을 뜻한다고 하겠습니다. 이 인문화의 길에 눈을 뜨지 못했기에 우리의 산업화와 민주화는 그 튼실한 토대를 구축하지 못한 채 아직도 이렇듯 휘청거리고 있는 것이라 생각합니다.

그들은 매사를 거꾸로 뒤집어 생각한다. _이사야 29:16

    8·15 광복 후의 과반세기는 우리 민족에게 참으로 험난한 질곡의 역정이었습니다. 분단과 동족상잔의 비극, 통일을 향한 대립과 갈등, 보릿고개를 넘어서기 위해 흘려야 했던 그 숱한 피와 땀과 눈물들, 그리고 억압당한 자유와 인권을 되찾기 위해 치르지 않으면 안 되었던 값비싼 희생의 반백년이 우리의 지난 삶이었습니다.
    그러나 그 역경 속에서도 우리는 꾸준히 전진해왔고, 특히 산업화와 민주화로 요약되는 조국근대화의 길을 매우 성공적으로 닦아왔다는 것이 안팎으로부터의 대체적인 평가입니다. 우리의 산업화와 민주화 과정은 그간의 적지 않은 시행착오에도 불구하고 중국을 비롯한 아시아와 아프리카 여러 나라들에게 감명을 준 자랑스러운 모델이 되기도 했습니다.
    산업화는 수천 년 동안 우리네 삶에 단단한 옴처럼 달라붙어 있던 찌든 가난을 벗어나기 위해 처절하게 몸부림친 '생존의 전투'였습니다. 온 나라 안에 울려 퍼진 '잘 살아보세'의 노랫가락은 흥겨웠다기보다는 차라리 서글픈 넋두리였습니다. 오늘 이만큼의 넉넉함이라도 누릴 수 있게 된 것은 피와 땀과 눈물의 한이 짙게 배인 그 넋두리 덕분임을 누구도 부인하지 못할 것입니다.

역사와 철학과 문학 등 인문적 가치를 소위 '제2경제'로 멀리 밀어놓은 채 오직 경제개발과 과학기술만을 제일의第一義의 덕목으로 삼아 정신없이 치달려온 산업화의 길은 기성세대가 값진 희생을 치르며 일구어낸 우리의 소중한 삶의 터전임에 틀림없습니다. 당대의 지도자들과 산업전사들에게 아낌없는 박수를 보내도 별 그릇됨이 없을 것입니다.

그러나 그 산업화의 길목은 자유가 짓밟히고 인권이 뿌리 뽑히는 진한 아픔으로 얼룩졌습니다. 배부른 돼지보다 차라리 배고픈 소크라테스이기를 바랐던 수많은 지성들이 화염병과 돌멩이가 날아다니는 길거리에서 혹은 어두운 감옥의 철창 안에서 자유로운 정신의 호흡을 잃고 상처 난 영혼의 아픔을 달래야 했습니다.

개발의 삽자락 아래 자연과 생태계는 치를 떨었고, 계곡마다 들녘마다 달고 시원한 물이 철철 샘솟아 흐르던 이 땅은 이제 마실 물조차 얻기 힘든 '물 부족 국가'로 낙인찍힐 처지에 이르고 말았습니다.

어쩌다 이렇게 되었을까. 아름다운 금수강산을 근대화라는 이름 아래 마구잡이로 들쑤시고 파헤쳐오면서 그저 중동사막처럼 시커먼 원유가 펑펑 쏟아져 나오지 않는 땅을 원망했던 우리의 천박한 죄업罪業 탓임을 정직히 자백해야 합니다.

석유는 돈이지만, 물은 생명입니다. 땅을 파서 끈끈한 화석원료가 뿜어 나오는 사막보다는 맑디맑은 샘물이 촐촐 솟아오르는 문전옥답門前沃畓이 정말 아름다운 땅이라는 것을 잊어버린 채, 오늘 당장 배부르고 편한 것만을 찾아 나선 우리들 탓에 아마도 우리 후손들은 '물 부족 국가'에서 매우 삭막하고 갈증 나는 나날을 살아내야 할지도 모르겠습니다.

'잘 살아보세'의 절규가 그처럼 전 국토를 뒤덮고 있을 때, 그래도 교육계와 문화계와 종교계만은 '바르게 사는 것, 참되게 사는 것, 사람답게 사는 것'의 가치를 깨닫고 자칫 천민자본주의의 나락으로 떨어질 수 있는 산업화의 그릇된 흐름을 바로잡아나갔어야 할 터인데, 오히려 그들마저 풍요와 성장신화의 우상 앞에 무릎 꿇어 '학원재벌'이니 '호화사찰'이니 '대형교회'니 '문화상인'이니 하는 따위의 수치스런 이름을 아무 수치심 없이 기꺼이 받아들여왔습니다.

더욱 기가 막히는 것은 '하나님 나라의 확장'이라는 선교의 목적을 양적 성장과 외형적 번영으로 둔갑시킨 교회들이 축복과 형통의 약속을 내걸고 이 땅의 거리를 휘황한 십자가의 불빛으로 뒤덮는 데는 성공했지만, 시대와 사회 앞에 삶의 모범을 제시하고 신앙 인격의 빛을 밝히는 데에는 철저히 실패했다는 뼈아픈 사실입니다.

화려한 교회당 건물을 여기 저기 쌓아 올리는 사이에 '빛과 소금의 제자도'는 증발되어버렸고 '나눔과 섬김의 정체성'은 상실되고 말았습니다. 상賞을 바라지 않는 자에게 상이 돌아가고 복을 구하지 않는 자에게 복이 주어지는 신앙의 패러독스(루돌프 불트만)를 비웃는 껍데기 종교인들이 교단과 교회를 온통 주물러오면서 인격보다는 인기를, 신뢰보다는 실속을 더 추구해왔기 때문입니다.

공산주의 유물론보다 현실적으로 더 심한 유물론이 되어버린 산업사회의 우상 앞에서 이제 우리는 점점 인간의 마음을 상실한 물신物神의 노예가 되어가고 있는 것이 아닌지 걱정스럽습니다.

산업화의 모순에 대하여 분명한 거부의 목소리를 낸 것은 젊은 이들과 노동자들이었습니다. 종교계·교육계의 일부 인사들이 민주화투쟁에 동참하기도 했지만, 상당수의 종교인들은 초특급 호텔에서 개발독재를 축성祝聖하는 호화로운 조찬기도회를 열기에 바빴고, 유수한 학자들과 지성인들 역시 '현실참여'라는 이름으로 권력의 우산 아래 몸을 숨기기에 여념이 없는 암울한 대기 속에서, 개발과 성장의 혜택을 가장 절실하게 느껴야 할 소외계층이 도리어 근대화의 그늘을 직시하고 경고의 목소리를 높인 것입니다.

개발독재와 신군부의 칼날을 무디게 만든 저들 소외계층의 희생 위에서 우리는 자유선거와 정권의 교체로 특징지어지는 민주화의 길을 참으로 힘겹게 열어왔습니다.

그러나 이러한 민주화의 성취 속에서도 우리는 아직 진정한 민주사회에는 이르지 못하고 있다는 자성自省을 거둘 수 없습니다. '자유'와 '민주'의 이름을 버젓이 내건 정당들이 안으로는 비민주적인 보스정치로 파행의 길을 치닫고, 개개의 시민들과 사회 각 부문에서도 아직 자유민주적인 체질을 온전히 터득하지는 못한 듯합니다.

'반대의 자유'를 요구하던 민주화의 목소리들이 드디어 권력을 거머쥐게 되자 이제는 자신을 향한 반대의 목소리를 참아내지 못하여 새로운 억압의 제방을 높이 쌓아가고, 지식인 사회마저 견해의 다양성을 수용하지 못한 채 서로 편을 갈라 반지성적인 욕설과 반목으로 날을 지새는가 하면, 심지어 교회와 사찰 안에서까지도 인습적 권위의 목소리만이 일방통행되는 새로운 독선의 우상들이 점점 자리를 넓혀가고 있습니다. '편 가르기'는 이제 우리 사회 전반의 보편적 현상이 되어가고 있는 듯합니다.

민주주의의 큰 기둥인 다수결의 원칙은 '겸손의 미덕'을 그 바탕으로 하는 것입니다. 지고지선의 절대 원리가 있을 수 없다는 깨달음 위에서 '차선의 것'을 함께 찾아가는 방식이 바로 다수결의 원칙이기 때문입니다.

기껏해야 '차선의 것'을 주장하고 있는 마당에 왜 그리도 오만하고, 독선적으로 남을 배척하며 비난하는 것인지…. 이것은 결코 민주주의를 신봉하는 사람들의 행태라 할 수 없습니다. 믿고 싶지는 않지만, 이 땅의 '민주화'는 이제 따뜻한 인간의 마음을 잃어버린 채 '대립과 갈등을 정당화하고 정권을 쟁취하기 위한 이념적 구호'쯤으로 전락해버린 듯한 느낌입니다.

나는 요즈음 우리가 반세기 동안의 자랑으로 내세워온 조국근대화의 두 날개, 산업화와 민주화가 이처럼 내실을 잃고 속병을 앓게 된 것은 조국근대화에 필수적인 또 하나의 조건을 망각했기 때문이라는 생각을 깊이 하고 있습니다. 나라와 사회의 건강한 발전은 경제적 안정과 민주적 절차의 두 조건만으로는 이루어질 수 없습니다. 그것보다 더 기본적이고 중요한 조건이 있습니다. 많은 사람들이 그것을 '선진화'로 설명하고 있지만, 나는 '인문화'의 조건을 제시하고자 합니다.

다듬지 않고 말해서, 인문화란 '성찰과 자기혁신을 통한 전인적인 사람됨의 길'을 뜻한다고 하겠습니다. 이 인문화의 길에 눈을 뜨지 못했기에 우리의 산업화와 민주화는 그 튼실한 토대를 구축하지 못한 채 아직도 이렇듯 휘청거리고 있는 것이라 생각합니다.

문학과 역사와 철학의 인문적 가치들이 이제는 진리 탐구의 전당인 대학 안에서조차 돈벌이가 되지 않는다는 이유로 천덕꾸러기 취급을 받고, 반면에 돈이 되는 것이라면 무슨 짓이든지 해내고야 마는 사람들이 시대의 영웅이요 의지의 신지식인新知識人인 것처럼 떠받들어지고 있습니다.

그러나 서구 역사에서 전제정치와 중세 가톨릭의 질식할 듯한 억압체제를 깨고 마침내 근세의 문명을 연 것은 산업혁명도, 프랑스 대혁명도 아니었습니다. 유럽의 역사에 '사람의 호흡'을 불어넣은 것은 문예부흥이요 종교개혁이었습니다. 유럽인들에게 '인간다운 역사의 새 지평'을 열어준 것은 경제와 정치의 혁명(산업화와 민주화)이 아니라 정신과 영혼의 쇄신, 곧 인문화였던 것입니다.

문예부흥과 종교개혁이야말로 인문화의 최고봉이라 할 수 있습니다. 이것은 꼭 서구에만 한정되는 것은 아니라 생각됩니다. 산업화와 민주화의 길목에서 깊이 감염된 상업화, 몰개성, 비인간화의 치명상을 앓으며 거꾸로 가고 있는 이 시대 속에서, 우리가 유일하게 바로 설 수 있는 길은 오직 저 오래 묵혀진 '인문적 가치'들을 우리들 삶의 자리 안에 오롯이 되살리는 일이 아닐까.

이제 사람의 얼굴을 한 산업화, 인간의 마음을 지닌 민주화는 사람됨의 가치를 소중히 여기는 '인문정신'에 달려 있음을 솔직히 긍정해야 할 때에 이르렀다는 진단은 비단 나 혼자만의 것이 아닐 것입니다.

뫼비우스의 띠

예수님은 신과 인간 사이의 일방적이고
하향적인 만남의 외길을 비틀어
상호소통하는 쌍방향의 궤도로 승화시킨
'영적인 뫼비우스의 띠'라고 할 수 있겠습니다.

사랑은 두 개의 오해가 겹치는 것. _필리프 줄리앙

    대전에 있는 국립중앙과학관 앞뜰에 서면 기이한 조형물 하나와 마주칩니다. '뫼비우스의 띠'를 형상화한 조각품입니다. 뫼비우스의 띠는 좁고 긴 띠를 한 번 비틀어 꼰 다음 양 끝을 붙여놓은 곡면체인데, 이 꼬인 부분을 통과하면 안과 밖이 구별되지 않는 위상기하학적位相幾何學的 특징이 나타납니다.

    독일 수학자 뫼비우스August F. Möbius가 1858년에 처음 발견한 뫼비우스의 띠는 '클라인의 병Klein's bottle'처럼 '시작과 끝, 표면과 이면, 내부와 외부, 좌와 우'라는 상대적 분별의 개념들이 사라지고 모두 하나로 통합되는 새롭고 신비한 차원을 드러냅니다. 기하학과 물리학의 원리가 철학이나 우주의 철리哲理에까지 맥이 닿아 있습니다. 국립중앙과학관의 상징조형물로 선정된 이유를 알 만합니다.

    띠를 거꾸로 비틀어 꼬아놓은 역전逆轉의 패러독스가 이항대립二項對立의 갈등, 안과 밖의 길항을 해소하는 통전화統全化의 문을 열어줍니다. 이 문을 들어서면 차원을 달리하는 새로운 창조의 영역이 열리는 것입니다.

한복을 입던 시절의 우리 옛 어른들처럼 두 손을 반대쪽 소맷자락 안으로 집어넣으면 양쪽 소매로 따로따로 드나들던 공기와 몸의 기운이 옷 속에서 한데 어우러지며 좌우의 구별이 없어지고 하나의 장場으로 통합되는 뫼비우스의 띠 비슷한 현상이 일어납니다. 우리 조상들은 독일의 천재 수학자보다 훨씬 먼저 뫼비우스의 띠가 지닌 위상기하학적 효능을 알고 있었던 모양입니다.

말과 글에서도 역설이나 반어의 자어상위自語相違로 사물의 핵심을 꿰뚫는 경우가 적지 않습니다. 자어상위는 불교의 인식논리학인 인명학因明學의 사종구과似宗九過 중 하나로, 앞뒤가 맞지 않는 모순어법을 가리킵니다.

'무'자화두無字話頭 같은 선가禪家의 공안公案들은 자어상위의 극치를 보여줍니다. 물음의 띠를 비틀어 역설의 답으로 꼬아 붙인 간화선의 화두는 무한반복되는 뫼비우스의 띠와 비슷한 구조를 지닙니다. 공안들은 물음 속에 이미 답이 숨어 있고 그 답은 또다시 새로운 물음을 던지면서 직지인심直指人心의 문답을 무시무종無始無終으로 펼쳐갑니다. '비어 있고 가득한 만공滿空, 잠잠한 말 묵언默言, 색즉시공色卽是空' 같은 표현들에도 자어상위의 역설이 들어 있습니다.

자어상위는 노장老莊에서 절정을 이룹니다. 도덕경 제1장 첫머리 '도가도비상도 명가명비상명道可道非常道 名可名非常名'의 해석은 여러 가지이지만, 대체로 "도라고 일컬을 수 있는 도는 영구불변의 도가 아니요, 어떤 이름으로 부를 수 있는 이름도 진정한 이름이 아니다"라는 뜻으로 풀이됩니다. 혹은 "길다운 길이라 말할 수 있는 것은 오고 간 적 없는 처음 가는 길이요, 이름다운 이름이라 할 수 있는 것은 부르고 들어본 적 없는 처음 부르는 이름이다"라는 풀이도 있습니다. 처음 가는 길은 아직 길이 아니고 처음 부르는 이름도 아직 이름이 아닙니다. '길 아닌 길, 이름 아닌 이름'인 셈이니 이런 역설이 없습니다.

동양사상은 정연한 논리보다 역설의 모순어법에 익숙합니다. 공자는 논어 위정편爲政編에 "아는 것을 안다, 모르는 것을 모른다고 하는 것이 바르게 아는 것知之爲知之 不知爲不知 是知也"이라는 역설을 남겼고, 장자의 제물론은 "내가 나비의 꿈을 꾸고 있는지, 나비가 내 꿈을 꾸고 있는지 분별이 되지 않는" 호접지몽胡蝶之夢으로 자연과 인생의 오묘한 섭리를 직관했습니다.

서구사상이 분석과 분별에 뛰어나다면, 동양사상은 조화와 통합에 투철합니다. 그리스-로마의 헬레니즘에서는 영과 육을 분리된 것으로 파악하지만, 고대 동방세계에 뿌리를 둔 헤브라이즘에서는 영과 육을 구분되지 않는 합일체로 인식합니다.

삶과 죽음도 실은 둘이 아니고 하나입니다. 예수님은 삶과 죽음의 경계를 넘어서는 역설의 비의를 가르쳤습니다. "누구든지 제 목숨을 구원하고자 하면 잃을 것이요 제 목숨을 버리면 구원을 얻을 것이다"(누가복음 9:24).

아담은 신의 형상으로 창조된 인간(창세기 1:27)이고 예수님은 인간의 형상으로 성육한 신(빌립보서 2:6)이라는 성서의 진술에 따르면, 예수님은 신과 인간 사이의 일방적이고 하향적인 만남의 외길을 비틀어 상호소통하는 쌍방향의 궤도로 승화시킨 '영적인 뫼비우스의 띠'라고 할 수 있겠습니다.

뫼비우스의 띠에 올라타면, 꿈은 현실이 되고 현실은 꿈이 됩니다. 그대로 장자가 말하는 '나비의 꿈'입니다. 과거도 없고 미래도 없는, 영원한 오늘의 무한세계입니다.

상극을 버리고 상생을 추구하는 동양사상은 주관과 객관, 안과 밖, 중심과 주변의 이원구조를 부정합니다. 음양도 서로를 밀어내는 갈등이 아니라 태극의 조화를 추구합니다. '둘로 나뉘지도 않고 하나에 집착하지도 않는 無二而不守一' 화엄사상은 그 자체로 거대한 뫼비우스의 띠입니다.

조세희의 연작소설 《난장이가 쏘아 올린 작은 공》은 초기산업화 시대인 1970년대 철거민촌에서 벌어지는 빈부, 노사, 가해자와 피해자 등의 사회적 갈등관계를 1편 뫼비우스의 띠, 10편 클라인의 병을 통해 투영해내고자 했습니다.

현실의 사회는 뫼비우스의 띠처럼 안과 밖이 구별되지 않고, 밖에서 보면 자유로운 것 같아도 실은 안에 갇혀 있는 혼돈의 세상입니다. 삶을 옥죄는 억압에서 벗어나려고 해도 다시금 원점으로 되돌아올 수밖에 없는 현실 속에서 난장이는 '모두에게 할 일을 주고, 일한 대가로 먹고 입고, 누구나 다 자식을 공부시키며 이웃을 사랑하는' 세상을 꿈꿉니다.

어떤 평자들은 난장이의 이 소박한 꿈을 '세상을 때려 엎는 혁명'쯤으로 읽었지만, 나는 이 꿈에서 갈등과 대립을 녹이는 사랑을 읽습니다. 세계를 단순히 선과 악으로 나누는 고정관념을 버리고 뫼비우스의 띠, 클라인의 병에 담긴 역설을 통하여 사물을 올바로 이해하려는 열린 마음이 작가의 뜻이라면, 뫼비우스의 띠의 비틀려 꼬인 부분은, 아! 다름 아닌 사랑, 바로 그것일 겝니다.

프랑스의 정신분석학자 필리프 줄리앙Philippe Julien은 "사랑은 두 개의 오해가 겹치는 것"이라고 정의했습니다. 오해라는 실패를 통하여 사랑이라는 성취에 이르는 역설은 뫼비우스의 띠가 함축하고 있는 자어상위의 모순과 크게 다르지 않을 듯합니다.

최근 영국 런던대학의 한 연구진은 뫼비우스의 띠에 숨은 신비가 '에너지 밀도의 차이'에 있다는 것을 방정식으로 규명해냈다고 발표했습니다. 그러나 뫼비우스의 띠 속에 숨은 수학적·물리학적 비밀은 방정식으로 풀렸을지 몰라도, 두 개의 오해를 겹쳐 사랑의 한 띠로 묶어내는 그 신비한 모순은 무슨 방정식이 아니라 오직 갈등을 녹이고 증오를 용서로 바꾸는 상생의 지혜로만, '차이를 없애는' 획일화가 아니라 '차이를 품어 안는' 자어상위의 역설로만 풀어낼 수 있지 않을까.

좌파의 석학 자크 아탈리가 프랑스성장촉진위원회를 이끌며 우파인 사르코지 프랑스 대통령의 개혁정책 밑그림을 그려내는 세상입니다. 그런데 우리는 아직도 남북의 체제갈등, 좌우의 이념적 대립, 동서의 지역적 분열, 계층 간의 알력 등으로 분열의 아픔이 자심하여 경제회생보다 사회통합이 더 절실한 국가적 과제로 다가와 있습니다. 뫼비우스의 띠처럼 차원 높은 역설적 화합의 지혜가 절실히도 아쉬운 때입니다.

더 낮게,
더 느리게,
더 가까이

실용의 시대정신을 감히 거스르는
'거룩한 어리석음'이야말로
역설적으로 이 시대에 가장 절실하게 요청되는 지혜가 아닐까.
이 거룩한 어리석음을 종교 말고 다른 어느 곳에서
찾아야 한단 말인가.

> 번영으로 쇠망한 종교는 기독교밖에 없다.
> _키에르케고르

　　세계평화와 인류화합을 이념으로 하는 근대 올림픽의 캐치프레이즈는 '더 빨리, 더 높이, 더 힘차게 Citius, Altius, Fortius'입니다. 여기의 '더 힘차게'를 나는 '더(힘껏) 멀리'로 이해해보렵니다.

　　'더 높이'는 높이뛰기 선수들만의 목표가 아닙니다. 모든 선수들은 시상대의 더 높은 자리에 올라서서 제 나라 국가가 연주되는 것을 듣기 위해 지금도 인간의 한계에 도전하는 혹독한 훈련을 거듭하고 있습니다. '더 멀리'는 각종 던지기, 넓이뛰기 선수들의 꿈입니다. 물론 올림픽 구호의 꽃은 '더 빨리'입니다. 마라톤과 중·단거리 달리기 등 육상 종목은 물론 수영, 트랙 경기, 철인 경기에서도 가장 빨리 목표에 다다르는 선수가 우승을 차지합니다.

　　그런데 '더 높이, 더 빨리, 더 멀리'는 이제 스포츠에만 한정된 구호가 아닙니다. 현대 경쟁사회에서 '더 높이, 더 빨리, 더 멀리'는 사회 각 부문의 기능과 인간의 모든 활동을 지배하는 삶의 원리가 되었습니다.

　　건물만 높이 올라가는 것이 아니고 산악인들만 더 높은 산에 오르려는 것이 아닙니다. 수많은 사람들이 오늘도 더 높은 성취의 자리에 오르기 위해 발버둥치고 있습니다. 자동차 속도만 더 빨라지는 것이 아닙니다. 현대의 정보통신기술은 하루가 멀다 하고 그 전달 속도를 빠르게 빠르게 경신해가는 중입니다. 비행기나 우주선들만 더 멀리 날아가고 싶은 것이 아닙니다. 모든 무역회사들이 지구 곳곳의 더 먼 장소에까지 새 상품을 들고 달려가기 위해 치열한 경쟁을 벌이고 있습니다.

모두가 더 높이 올라가려는 시대에 자기 삶의 자리를 '더 낮게' 내려 잡고, 더 빨리 앞으로만 달려가려는 사회에서 무슨 바보인 듯 '더 느리게' 휘적거리며, 더 멀리 나아가려는 사람들 틈에서 무엇엔가 '더 가까이' 다가가려는, 마치 시대를 거꾸로 사는 듯한 이단아들이 얼른 눈에 띄지 않습니다.

그러나 '더 높이, 더 빨리, 더 멀리' 달려가려는 무한경쟁의 시대에 '더 낮게, 더 느리게, 더 가까이' 다가가려는 노력은 결코 바보스러운 짓이 아닙니다. 시야의 폭이 보다 넓은 것이고 마음이 보다 넉넉한 것이며 인품이 보다 묵직하기 때문입니다. 혹은 성서가 말하는 겸손일 수도 있겠습니다.

낮은 곳, 그 소외된 자리를 향하는 애틋한 연민, 느릿한 관조와 성찰, 대상에 가까이 다가가 관계를 더욱 풍성히 하는 친화력…. 그 중후하고 위엄 있는 품성을 만나기 어려운 것이야말로 시대의 슬픔이 아닐 수 없습니다.

종교계라고 해서 크게 다르지 않습니다. 교회당 건물을 '더 높이' 지어올리고, 교회성장을 '더 빨리' 달성하고, 선교사를 '더 멀리' 내보내려는, 무슨 스포츠 경기 같은 성취욕구들이 한국 교회를 휘어잡고 있는 듯합니다. 높은 곳을 떠나 저 낮은 자리를 지향하는 고요한 열정, 성장을 늦추는 한이 있더라도 성숙과 내실을 튼실하게 다져가는 '느림'의 지혜, 해외 선교사를 멀리 내보내기 전에 스스로 먼저 이웃들에게 복음의 증인으로 가까이 다가가는 믿음의 실천…. 요즈음에는 이런 영성의 인격을 만나기가 쉽지 않다는 말입니다.

'더 높이, 더 빨리, 더 멀리'의 성취욕구는 결국 '더 크게, 더 넓게, 더 많이'라는 탐욕의 구호에서 크게 벗어나지 않으며 '잘 살아보세'라는 조국근대화의 옛 구호와도 별반 다르지 않을 뿐 아니라 실용이라는 오늘의 시대정신과도 그리 멀어 보이지 않습니다. 반면에 '더 낮게, 더 느리게, 더 가까이'라는 신념은 '바르게 살기, 참되게 살기'의 올곧은 정신에서만 나올 수 있는 가치입니다.

실용의 정신이 전혀 없어서도 안 되겠지만, 실용이 유일의 도그마가 되어서는 더욱 안 될 일입니다. 실용의 시대정신을 감히 거스르는 '거룩한 어리석음'이야말로 역설적으로 이 시대에 가장 절실하게 요청되는 지혜가 아닐까. 이 거룩한 어리석음을 종교 말고 다른 어느 곳에서 찾아야 한단 말인가.

기독교는 콘스탄티누스 황제의 국교화 이후 무서운 속도로 타락의 길을 치달렸습니다. 가톨릭은 교황의 위세가 왕과 황제들의 권세보다 더 높았던 중세에 부패의 극치에 이르렀습니다. 기독교의 역사는 하나님께서 무수한 '종교 바벨탑의 우상'들을 깨뜨려오신 발자취에 다름 아닙니다. 배부른 종교, 부유한 성직자들은 언제나 하나님의 심판대 앞으로 가까이 다가서곤 했습니다. 오늘날도 마찬가지입니다. 그러기에 키에르케고르는 "번영으로 쇠망한 종교는 기독교밖에 없다"고 탄식했습니다. 하나님과 맘몬mammon을 함께 섬겼기 때문입니다(마태복음 6:24). 맘몬은 부, 물신을 뜻하는 아람어로 '돈money'의 어원이 된 말입니다.

메시아가 로마제국의 호화로운 황실에서 지체 높은 황태자로 태어나지 않고 압박받는 땅 유태 촌구석의 마구간에, 그 누추하고 '낮은' 자리에 가난한 목수의 아들로 탄생하신 것을 나는 늘 감사히 여기고 있습니다.

예수님이 늠름하고 재빠른 백마가 이끄는 황금마차를 타지 않고 저 '느려터진' 나귀 새끼에 올라타신 것을 나는 큰 기쁨으로 삼고 있습니다. 로마로, 아라비아로, 스페인으로 머나먼 선교여행에 나선 일 없이 그저 '가까운' 갈릴리와 유대 땅을 돌아다녔을 뿐인 예수님의 행로를 나는 매우 경이로운 섭리로 읽습니다. '더 높이, 더 빨리, 더 멀리'의 실용적 값어치를 예수님은 도무지 알지 못했던가 봅니다.

그리스도가 무병장수의 복을 누리다가 80세가 넘어 편안한 임종을 맞지 않고, 머리 둘 곳조차 없는 간고한 삶을 살다가 젊디젊은 나이에 사형수가 되어 십자가의 모진 고통 속에 죽어간 것을, 참 죄송한 말이지만, 나는 늘 고맙게 여기고 있습니다. 본회퍼D.

Bonhoeffer의 말대로 "고통 속에 계신 하나님만이 우리의 고통에 대한 답변을 소유"할 수 있기 때문입니다. 그 고통과 역경이 우리로 하여금 부패하지 않고 나태하지 않으며 타락하지 않게 지켜줄 것입니다. 이 거룩한 어리석음, 그 비실용적인 영성이 바로 성서가 가르치는 신앙 아닐까.

이 비좁은 한반도에서, 남쪽은 영양과잉으로 솟아오른 비만의 살과 피나는 전쟁을 벌이며 제가 실컷 먹어 쌓아놓은 지방덩어리를 도로 뽑아내느라 혈안이 되어 있는 반면에, 저 어둑한 북녘 땅에서는 살가죽이 뼈에 맞닿은 어린아이들이 오늘도 무수히 굶어 죽어가고 있다는 끔찍한 모순이 무슨 일상사처럼 아무렇지도 않게 벌어지고 있습니다. 아니, 북쪽에까지 갈 것도 없습니다. 외환시세 덕분에 국민소득 2만 달러를 손쉽게(?) 오르내리며 문화선진국을 지향해간다는 이 나라에는 나날의 생계를 걱정해야 하는 극빈층이 아직도 헤아릴 수 없이 많습니다. 저들의 아픔을 외면한 채로는 선진국은 물론이고 문화국은 꿈도 꾸지 못할 일입니다.

실용이라는 정부의 국정목표가 시의성 있는 '정책'의 차원을 넘어 이 시대의 새로운 우상으로, 또 다른 이념적 도그마로 자리 잡지 않게 하기 위해서는 '더 높이, 더 빨리, 더 멀리'의 신념을 감시하고 비판함으로써 '실용을 실용답게, 정말 품위 있는 실용답게' 만들어가는 보완補完의 성찰이 필요합니다. '더 낮게, 더 느리게, 더 가까이'의 보람을 아는 두툼한 인문정신…. 모두가 '가격'을 궁금해하는 시대에 홀로 '가치'를 찾아 헤매고, 성장을 추구하는 세태 속에서 내밀한 성숙을 지향하며, 영광을 바라는 사람들 가운데서 스스로 고난과 희생을 무릅쓰는 우둔함, 그 거룩한 어리석음 말입니다.

꽃 이름 부르기

그는 무의미를 통해서
어떤 의미를 말하고자 했을 것입니다.
서로에게 '잊혀지지 않는 무엇이 되고 싶은'
고독한 눈짓, 그 애끓는 눈망울 속에
깊이 배인 사랑의 갈증을, 소통의 갈망을.

> 종은 누군가 울려주기 전에는 아직 종이 아니다.
> _오스카 해머슈타인

내가 그의 이름을 불러주기 전에는

그는 다만

하나의 몸짓에 지나지 않았다.

내가 그의 이름을 불러주었을 때

그는 나에게로 와서

꽃이 되었다.

내가 그의 이름을 불러준 것처럼

나의 이 빛깔과 향기에 알맞은

누가 나의 이름을 불러다오.

그에게로 가서 나도

그의 꽃이 되고 싶다.

우리들은 모두

무엇이 되고 싶다.

너는 나에게 나는 너에게

잊혀지지 않는 하나의 (의미가) 눈짓이 되고 싶다.

- 김춘수, 〈꽃〉

세상의 어느 것도 혼자서는 아무 의미가 없습니다. 어떤 존재든지 타자와의 관계 속에서만 비로소 의미를 가집니다. 외부세계와 단절된 절대고독 안에서는 자아의 인식조차 불가능합니다. 절대자아는 오직 신뿐입니다.

우리의 자아란 타자와의 소통 안에서 인식되는 상대적 존재에 불과합니다. 아니, 타자와의 관계만이 아닙니다. '자아를 인식하는 나'와 '내가 인식하는 자아'도 서로 상대적 관계에 있습니다. 인식주체인 자아와 인식대상인 자아가 갈등에 빠지면 존재는 허무에 떨어지거나 파멸의 길로 치닫기 십상입니다. 영남3현嶺南三賢 중 한 분으로 불렸던 이 땅의 토종자연인 전우익은 존재의 관계성과 소통의 가치를 단 한 줄의 짧은 말로 압축해냈습니다. "혼자만 잘 살믄 무슨 재민겨?"

절대고독의 단절에서 벗어나 자아의 정체성을 찾으려면 타자와의 관계 속으로 들어가 서로 소통하지 않으면 안 됩니다. '고독의 몸짓'에서 '관계 속의 눈짓'으로…. 이것이 무의미의 시인 김춘수가 본 존재의 의미입니다.

자식이 태어나면 부모가 이름을 지어줍니다. 명명은 어버이와 자녀가 인격적 관계를 맺는 첫 소통의 언어입니다. 그 소통 안에서 생명의 연대와 사랑이 영글어갑니다. 누군가의 이름을 부른다는 것은, 아! 바로 사랑의 고백입니다.

　최초의 사람 아담이 에덴동산의 사물 하나하나를 이름으로 부른 것(창세기 2:19)은 고립된 존재를 관계적 존재로 이끌어내는 창조적 소통의 언어였습니다. '언어는 존재의 집Die Sprache ist das Haus des Seins'이라는 하이데거의 정의처럼, 언어는 신이 피조세계와 소통하는 섭리였고 생명을 잉태한 최초의 자궁이었습니다.

　"태초에 말씀이 계셨다!"(요한복음 1:1) 그 말씀이 어둠 속에서 빛의 이름을 불렀을 때, 빛은 세상을 환히 밝히는 광명이 되었습니다(창세기 1:3-5).

　"종은 누군가 울려주기 전에는 아직 종이 아니다"라는 오스카 해머슈타인의 노래처럼, 꽃도 누군가 그 이름을 불러주기 전에는 아직 꽃이 아닙니다. 무의미한 하나의 몸짓에 불과합니다. 그러나 그 몸짓은 제 이름을 불러줄 소통의 언어를 기다리는—가스통 바슐라르가 '떨리는 휴식repos vibree'이라고 부른—긴장된 몸짓입니다. 그 떨리는 몸짓에게 내가 이름을 불러주면 그것은 '떨리는 영혼psyche vibree'의 꽃이 되어 내게로 다가오고, 그 꽃 또한 새로운 빛깔과 향기의 이름으로 나를 부르면 나는 또 하나의 꽃이 되어 그에게로 다가가고…. 그렇게 만난 그와 나는 서로 눈짓하며 소통하는 '우리'가 됩니다.

　예로부터 꽃은 예술혼을 북돋우는 탐미의 대상이요 뭇 연인들의 가슴을 설레게 하는 연가의 소재였습니다. 그러나 어떤 이들에게 꽃은 깊은 깨달음의 문이기도 했습니다. 예수님께서는 들꽃 한 송이가 하나님의 섭리 그 자체였으며(마태복음 6:30), 어느 선사에게는 '온 세상이 한 송이 꽃'이었습니다.

무의미에서 의미를, 의미에서 다시 무의미를 찾으며 그 모순의 방황을 즐겼던 관념적 몽환가 김춘수에게도 꽃은 다만 감각의 대상이나 연가의 소재가 아니었습니다. 그에게 꽃은 인식의 대상을 형상화한 존재의 화두였습니다. 〈꽃의 소묘〉, 〈꽃을 위한 서시〉 등 일련의 꽃시들을 통하여 단절에서 소통으로, 무의미에서 의미로 승화해가는 생명의 화두를 읽어낸 시인은 자신의 꽃이 젊은이들의 입에서 한낱 연가처럼 읊조려지는 것을 무척이나 꺼렸습니다.

시는 논리가 아닙니다. 시는 결단입니다.

"시인은 분석 따위를 모른다. 이론적 설명도 알지 못한다. 그냥 결단하고 말할 따름이다. 시인은 인간을 말한다. 인간의 고통을, 마음의 상처를, 그리고 소망을 말한다." 임어당의 시론詩論입니다.

그러나 김춘수는 결단을 거부하고 인식론적 관념의 세계로 파고들다가 그것마저도 거부한 채 일체의 관념과 의미를 지워버립니다. 보편적 가치와 윤리적 성찰을 모두 비웃으며 아무 의미 없는 관념의 공백 속에서 허허로운 위안을 찾으려 했던 이상李箱처럼 '의미 이전의 원형'을 캐내던 김춘수의 눈길은 '사물을 있는 그대로 보는' 원초적 응시, 어떤 의미로 굳어지기 전의 무의미를 찾는 현상학적 허무의 시선이었지만, 또 한편으로는 물음 안에서 이미 대답과 소통하고 있는 선화두 같은 직관이기도 했습니다.

남해안 통영 바닷가에서 태어나고 자란 김춘수 시인은 언젠가 "바다는 병이고 죽음이기도 하지만, 바다는 또한 회복이고 부활이기도 하다. 바다는 내 유년이고 또한 내 무덤이다"(《처용단장處容斷章》에서)라고 썼습니다. 병과 회복, 죽음과 부활, 유년과 무덤…. 그 이율배반의 관념들이 '바다'라는 근원적 생명의 공간에서 서로 소통했듯이 '꽃'은 몸짓의 무의미와 눈짓의 의미를 소통시키는 또 다른 근원의 자리였습니다.

조국의 역사적 현실을 온 가슴에 품어 안고 꺼이꺼이 울었던 김수영과 달리, 의미도 역사도 모두 거부한 채 탈의미·탈역사의 길을 걸으면서도 군사독재정권이 내민 고위공직을 거부하지 못하고 부끄러운 역사의 현실에 발을 디뎠던 자신의 이율배반을 김춘수는 '바다'와 '꽃'이라는 근원적 자리에 파묻고 싶었는지도 모릅니다. 마치 새벽 바닷가 모래밭에서 눈을 뜬 그리스인 조르바가 '초록빛 꽃치마를 두른 바다'를 바라보며 삶과 세계의 신비를 읽었다는 카잔차키스의 술회처럼.

시인은 마지막 구절의 '의미'를 나중에 '눈짓'으로 바꿔 의미를 배제하고 무의미의 순수를 지키려 했지만, 이미 의미를 획득한 꽃에게서 다시 의미를 해체하려는 수고는 덧없어 보입니다. '눈짓'만큼 사랑의 의미가 듬뿍 담긴 소통방식도 없기에 말입니다. 의미를 지워버린 자리에 다시 돋아나는 사랑의 의미…. 빼어난 역설입니다.

나는 시인이 무의미를 사랑했다고는 차마 믿지 못합니다. 몸짓이 꽃이 되고 다시 눈짓이 되는 인식의 출렁임에 설마 아무 의미도 없으랴! 그는 무의미를 통해서 어떤 의미를 말하고자 했을 것입니다. 서로에게 '잊혀지지 않는 무엇이 되고 싶은' 고독한 눈짓, 그 애끓는 눈망울 속에 깊이 배인 사랑의 갈증을, 소통의 갈망을.

개인과 개인은 물론이고 사회 곳곳에서 소통이 꽉 막혀버린 오늘, 좌와 우가 끝도 없이 으르렁거리고 심지어 사랑과 자비의 종교들마저도 서로를 향해 눈을 흘기는 이 단절의 시대에, 뜬금없이 꽃 이름 하나하나 기억나는 대로 불러봅니다. 나지막이, 마음속으로.

법치주의,
법률 이전의 인격 문제

사회불안요소를 품고 있는 법률적 환경을
그대로 내버려둔 채 법의 채찍이나 휘두르고 있어서는
국민의 신뢰는커녕 불만 어린 최소한의 준법의식조차
기대하기 어렵습니다. 따뜻한 배려와 나눔의 실천만이
신뢰의 바탕을 이룰 수 있기 때문입니다.

> 빼앗긴 자유, 잃어버린 권리를 되찾으려는 이웃의 호소를 인격적으로 받아들이는 법률가는 분쟁당사자들에게 평화를 제공하기 위해 애쓰는 법의 사도다. _한스 돔부아

상하이 쿠데타 성공에 이은 베이징 점령으로 중국의 실권을 거머쥐게 된 장제스蔣介石 주석의 국민당정부가 공산당을 대대적으로 탄압하기 시작하자 마오쩌둥毛澤東 휘하의 8만여 공산당 홍군紅軍은 근거지인 장시성을 야반도주하듯 탈출하여 약 1년여에 걸친 대장정에 나섭니다.

4,000-5,000미터의 설산雪山을 포함하여 18개의 산을 넘고 24개의 강을 건너 장장 12,000여 킬로미터를 걸어서 북부의 오지 산시성 옌안으로 숨어드는 동안, 추종병력은 당초의 10분의 1에 불과한 8천여 명으로 줄어들었습니다. 공산당은 중국역사에서 곧 사라질 운명인 것처럼 보였습니다.

그러나 홍군은 11개 성, 62개 도시를 거치면서 중국인민의 마음을 사로잡으며 강력한 지지세력을 확보하게 됩니다. 국민당정부의 실정失政도 그 한 원인이었지만, 그보다는 대장정의 8개 행군수칙이 주된 요인으로 꼽힙니다.

첫째, 민가를 떠날 때는 침대용으로 쓴 문짝을 다시 문에 달아준다. 둘째, 베고 잔 짚단은 묶어서 제자리에 놓아둔다. 셋째, 인민에

게 예의바르고 정중하게 대한다. 넷째, 빌린 물건은 반드시 반환한다. 다섯째, 파손된 물건은 바꿔준다. 여섯째, 인민과의 거래를 정직하게 한다. 일곱째, 물건 값을 꼭 지불한다. 여덟째, 화장실은 민가에서 멀리 설치하고 위생에 신경을 쓴다.

마오쩌둥의 홍군이 민심을 움켜쥐게 된 비결은 무슨 대단한 사회주의 이념이나 장밋빛 공약에 있지 않았습니다. 뜻밖에도, 언뜻 사소해 보이는 일상적 실천의 모습에서 우러나는 인격적 신뢰가 민중에게 큰 감동을 준 것입니다. 만약 장제스의 국민당정부가 그렇게 민중의 신뢰를 얻었더라면 중국은 훗날 문화혁명이라는 홍위병들의 반문화적 반달리즘vandalism을 경험할 일도 없었을 것입니다.

각종 도시(재)개발 과정에서 철거되는 상가의 임차인들이 겪는 고통은 어제 오늘의 일이 아닙니다. 특히 상가임대차에서 흔히 수수되는 권리금의 문제는 그동안 철저히 법적·정책적 사각지대에 놓여 있었는데, 이 어이없는 무대책은 마침내 여섯 명이 불에 타 숨지는 끔찍한 용산 철거민 참사에까지 이르고 말았습니다. 언필칭 법치국가의 역대 정부와 국회가 멀쩡히 눈을 뜨고 지켜보면서도 대수롭지 않게 넘겨버린 탓입니다.

사법부 역시 이 문제에 대해 충분히 고민해왔다고 말하기 어렵습니다. 임대인과 임차인 사이에 권리금 반환약정이 있었는지를 가리는 사실 확인에만 주력해왔을 뿐, 권리금을 둘러싼 쌍방의 이해를 합리적·전향적으로 조절하기 위한 법해석학적 노력은 그다지 활발하지 못했습니다. 용산 철거민 참사의 원인이 경찰의 성급하고 무모한 진압작전에 있었는지 혹은 시너와 화염병까지 동원되고 다수의 외부인들이 가담한 과격시위에 있었는지를 놓고 책임공방이 매우 컸습니다.

만일 약자의 고통 뒤에 숨어 음험한 정치적 목적을 달성하기 위해 폭력을 선동하는 어두운 세력이 있다면 그 죄상을 명백히 밝혀내야 합니다. 그렇지만 상가임차인들의 고통에 대하여 지난 수십 년간 정책적·입법적·사법적인 면에서 법치국가의 마땅한 책무를 짐짓 게을리 해온 행정·입법·사법당국의 직무유기는 결코 가볍다고 할 수 없습니다. 이것은 여야의 정치적 대결양상이나 책임공방의 정당성 여부와는 전혀 다른 문제입니다. 과격시위자들의 불법성이 드러났다고 해서 법치의 직무유기마저 정당화될 수는 없는 일입니다.

바닷물의 평균 염분농도는 2.8퍼센트에 지나지 않습니다. 그 엷디엷은 소금기가 온 바다를 정화하여 무수한 해양생물들을 넉넉히 살아 숨 쉬게 하고 있습니다. 국민의 신뢰는 눈부신 경제지표나 현란한 이벤트 따위로 낚아챌 수 있는 것이 아닙니다.

무슨 큰 일이 터질 때마다 권부權府의 지하벙커에서 긴급회의를 연다고 해서 국민들이 안심하거나 정부를 철석같이 믿어주는 것은 아닙니다. 국회가 눈코 뜰 새 없이 바쁜 관계장관들을 시도 때도 없이 불러내어 책임을 추궁한다고 해서 선량選良의 자질이 충족되는 것도 아닙니다. 사법부 역시 마찬가지입니다. 어떤 곤경에 몰릴 때마다 전국 법원장회의를 개최하고 대법원장이 담화를 발표하곤 하지만, 그것으로 얼마나 국민의 신뢰를 얻어왔는지는 잘 모르겠습니다.

국민에게 감동을 주는 법치주의의 대장정은 매우 사소해 보이는 일상적 관계 속에서 확인되는 인격적 믿음이 그 성패를 가름하기 마련입니다. 비단 상가임차인들의 문제만이 아닙니다. 우리 사회 곳곳에 드리운 그늘이 너무도 짙고 어둡습니다. 그늘이 생기는 것은 빛을 차단하는 음습한 주변환경 때문입니다. 사회불안요소를 품고 있는 법률적 환경을 그대로 내버려둔 채 법의 채찍이나 휘두르고 있어서는 국민의 신뢰는커녕 불만 어린 최소한의 준법의식조차 기대하기 어렵습니다. 따뜻한 배려와 나눔의 실천만이 신뢰의 바탕을 이룰 수 있기 때문입니다.

더욱이 세계적 금융위기로 인한 국내경기의 심각한 불황이 중산층의 급격한 쇠퇴와 빈곤층의 양산을 불러오고 있는 이즈음에는 더 말할 나위도 없습니다. 지난 10년간 논란의 중심에 있었던 이른바 '햇볕정책'의 효율성에 대해서는 평가가 엇갈리지만, 우리 사회 안에 존재하는 성장의 소외지대, 복지의 외곽지야말로 햇볕정책이 가장 절실한 삶의 자리들임에 틀림없습니다.

고대사회에서도 나눔과 배려는 공동체의 기초 덕목이었습니다. "너희가 밭에서 난 곡식을 거두어들일 때에는 밭 구석구석까지 다

거두어들이지 말고, 또 거두어들인 다음에는 떨어진 이삭을 줍지 말라. 그 이삭은 가난한 사람들과 나그네 신세인 외국 사람들이 줍게 남겨 두어야 한다"(레위기 23:22). 야훼 하나님께서 폐쇄적 부족국가였던 이스라엘에 내리신 명령입니다. 하물며 다원화시대의 복지사회를 지향하는 법치국가에서랴.

야훼의 명령을 하나의 법규범이 아니라 신앙인격의 품성으로 받아들이라는 것이 성경의 가르침입니다. 그러나 기회와 재화의 분배과정에서 철저히 소외된 빈곤계층에게 따스한 볕 한 자락 비춰주는 일은 이제 무슨 자선도 아니고 선행도 아닙니다. 좌절한 소외계층의 마음에 희망과 사랑을 심어주는 일은 공동체를 유지하기 위해 없어서는 안 될 필수적 의무사항이 되었습니다.

헤겔은 《법철학강요》에서 법률가들에게 "인격자가 되라. 그리고 타인을 인격자로서 존중하라"(Rechtsphilosophie §29)고 요구했습니다. 남을 존중하고 다른 사람의 권리를 소중히 여길 줄 아는 인격은 곧 사랑의 인격에 다름 아닙니다. 사랑의 인격을 지닌 법률가라면 실정법의 미비를 핑계 대며 이웃의 고통에 눈 감고 있을 수 없습니다. 용산 철거민 참사를 다루는 정치인과 법률가들, 상가전세금 문제로 골머리를 앓는 정책입안자들과 국회의원들이 새겨들어야 할 말 아닐까.

"빼앗긴 자유, 잃어버린 권리를 되찾으려는 이웃의 호소를 인격적으로 받아들이는 법률가는 분쟁당사자들에게 평화를 제공하기 위해 애쓰는 법의 사도다"라는 종교법학자 한스 동부아Hans

Dombois의 깨달음이 한 줄기 따스한 햇볕처럼 아쉽습니다. 법치주의는 '법률' 이전에 '인격'의 문제라는 뼈아픈 깨달음이.

달리는 기차 위에
중립은 없다?

떠나온 곳에 대한 애환의 기억, 스치고 지나쳐온 곳곳에서
맺은 숱한 인연들, 그것들 속에 시퍼렇게 살아 숨 쉬는
생명의 가치와 관계성들을 깡그리 지워버린 채
오직 눈앞의 한 곳만을 향해 달려가는 외곬의 신념은
삶과 역사에 대한 빈곤한 인식을 드러내는 어리석음입니다.

진리를 찾겠다는 사람은 믿을지언정 진리를 찾았다는 사람은 믿지 말라. _앙드레 지드

 "진리를 찾겠다는 사람은 믿을지언정 진리를 찾았다는 사람은 믿지 말라."《좁은 문》의 작가 앙드레 지드의 충고입니다.

 누군가 진리를 찾았다고 펄펄 뛰며 기뻐하고 있는데 굳이 나서서 핀잔을 주거나 어깃장을 놓을 이유는 없습니다. 지드의 충고는 진리를 찾았다는 이들이 자기의 확신을 다른 사람들에게 절대적 진실로 받아들이도록 강요하는 오만을 경계하라는 뜻입니다.

 진리는 스스로 소통하는 능력을 지니고 있습니다. 폐쇄된 성곽 안에서 저 혼자 고고하게 빛나는 진리라면 진리로서의 값어치를 인정받기 어렵습니다. 진리가 진리다우려면 마땅히 강력한 영적 감화력으로 인간의 보편적 정신세계를 설득해내는 소통의 힘을 갖춰야 합니다. 그것은 남에게 강요할 수 있는 것도 아니고, 찾았다고 자랑할 수 있는 것도 아닙니다. 진리 앞에서는 다만 겸손해질 수 있을 뿐입니다.

 나는 감성을 매우 아끼는 편이지만 아무래도 이성을 더 신뢰하는 편입니다. 이성이 늘 이성적이기 때문은 아닙니다. 이성은 본질상 비이성적 오류를 품고 있습니다. 뉴턴의 고전물리학이 아인슈

타인의 상대성이론에 의해 깨지고, 상대성이론은 하이젠베르크의 양자역학에 의해 뒤집히는가 하면 그 양자역학도 데이비드 보옴의 통합체 가설에 의해 다시 도전받는 실정입니다. 자연과학이 그럴진대 정신적 영역에서야 더 무슨 말이 필요할까. 이성은 항상 열려 있어야 합니다. '열린 이성'은 사유의 소통을 통하여 스스로 오류를 시정해나갈 수 있을 터이기에 비록 오류가 있더라도 여전히 이성적이라 할 수 있습니다. 이것이 내가 '오류의 이성'을 신뢰하는 역설적인 이유입니다.

열린 이성이란 자크 아탈리Jacques Attali의 말대로 '획일주의에서 벗어나 밤을 지새우는' 정신일 것입니다. 소통과 자기시정을 거부하는 '닫힌 이성'은 획일주의의 노예요 광기의 반反이성일 뿐입니다. 과학적 이성의 우상이 키메라같이 괴이한 생명복제시대를 앞당겼고, 철학적 이성의 관념론이 비관용의 절대주의 세계관을 부추겼으며, 종교적 이성의 근본주의적 도그마들이 끔찍한 마녀재판과 피비린내 나는 종교전쟁을 불러왔습니다.

신은 오류가 없지만, 신앙은 오류투성이입니다. 인간 자체가 오류의 존재이기 때문입니다. 신앙은 이성뿐 아니라 의지와 감성까지 모두 한데 묶어 전 인격으로 신에게 나아가는 일인데, 이성 자체가 이미 독단의 오류에 묶여 있다면 그 의지와 감성이 어떨지는 불문가지입니다. 광장을 뒤덮은 군중 속에서 두 팔을 높이 흔들며 목이 쉬도록 고함을 질러야만 기도를 알아듣는 신이라면 너무 옹색합니다. 그렇게 청각이 나쁜 신이라면 바른 신일 리 만무합니다.

우상이라면 몰라도.

신앙은 필연적으로 의혹과 방황의 과정을 수반합니다. 예수님을 만나자마자 '대망의 메시아'라고 외쳤던 세례 요한은 살로메의 계략으로 옥에 갇혀 죽음을 기다리다가 뜻밖에도 이런 맥 빠지는 물음을 예수님께 내놓습니다. "오실 메시아가 당신입니까, 아니면 우리가 다른 분을 기다려야 하겠습니까?"(누가복음 7:20) 어느 누구도 감히 자기 신앙의 무오성을 주장할 수 없게 만드는 두려운 장면입니다.

이성의 오류를 긍정한다면 어떤 사상, 어떤 이념, 어떤 체제도 절대적일 수 없습니다. 특정 이념이 개인의 자유와 창의성을 억압하는 절대적 가치관으로 자리 잡은 사회는 필연적으로 전체주의의 공포를 경험하게 됩니다.

파시즘은 처음부터 거칠게 무력으로 출발하지 않습니다. 모든 전체주의는 부드러운 이념으로부터 시작되며 매우 '가치지향적'입니다. 민주선거로 권력을 잡은 히틀러는 '위대한 아리안 족의 영광'을 최고의 이념으로 내세우며 전대미문의 나치독재체제를 수립했고, '무산계급을 위한 평등사회'를 지배이념으로 내건 마오쩌둥의 문화대혁명은 중국 대륙을 반문화·반윤리의 난장판으로 만들었습니다. 북한은 '주체'를, 우리나라의 제3·4공화국은 '조국근대화'를, 제5공화국은 '정의사회 구현'을 국가이념으로 내걸고 각기 권위주의적 군사정권을 수립했습니다. 무오류의 이념들이 지닌 치명적 오류입니다.

자신의 오류를 긍정할 줄 아는 이성은 방황하게 마련입니다. 인간은 어차피 '과정 속의 존재'일 수밖에 없습니다. 과정 속에 언제나 성취만 있을 턱이 없습니다. 좌절과 실패와 모순이 셀 수도 없이 널려 있는 혼돈의 숲을 통과하지 않으면 안 됩니다. 오랜 세월, 드넓은 의혹의 광야를 끝도 없이 헤매며 때로는 좌절하여 거꾸러지고, 때로는 확연히 다가온 어떤 깨침에 환호하다가도 또다시 넘어지기를 거듭하는 것, 이것이 진리를 찾아 나선 이성의 본 모습일 것입니다.

예전에는 '멸공'의 함성이 민족진영의 숨통을 끊어놓았고 '경제개발'의 깃발이 노동자의 고통을 당연시했다면, 요즘에는 '민족'의 명분이 북한인권상황에 대한 염려를 수구 반동으로 낙인찍고, '선진화'의 찬란한 무지개 앞에서 온 사회가 대결과 갈등의 아픔을 겪고 있습니다. 사유의 소통도, 관용의 정신도 찾아볼 길이 없습니다.

주체가 절대이념이 되어버린 북쪽에서도 이념의 상대성이나 세계관의 중립성 같은 것이 허용될 리가 없습니다. 그곳에서는 예술마저도 온통 '주체'와 '수령님' 일색입니다. 북녘의 청소년들이 펼치는, 기계처럼 일사불란한 매스 게임은 감동을 주기보다는 도리어 섬뜩합니다.

특정 이념이 시대정신이라는 왕관을 쓰고 권력을 휘두르는 사회는 광기의 사회나 마찬가지입니다. 선善의 의미를 독차지한 지배이념은 일체의 의혹과 비판을 악으로 단죄하고, 권력의 동원체제로 나선 민중은 정치적 선동의 포퓰리즘에 놀아나는 꼭두각시로 전락하고 맙니다. 옛날 얘기가 아닙니다. 이성과 과학과 민주주의의 첨단시대인 21세기에 우리가 몸소 경험하고 있는 일입니다.

이성의 오류를 찾아 스스로를 시정해나가는 데에는 자유로운 소통의 광장 즉 사상과 이념의 중립지대가 필요하지만, "달리는 기차 위에 중립은 없다"는 하워드 진Howard Zinn의 말처럼 시대정신이라는 기차에 올라탄 지배이념은 사유의 중립지대를 허용하지 않습니다.

그러나 달리는 기차 위에도 중립은 필요합니다. 떠나온 곳에 대한 애환의 기억, 스치고 지나쳐온 곳곳에서 맺은 숱한 인연들, 그것들 속에 시퍼렇게 살아 숨 쉬는 생명의 가치와 관계성들을 깡그리 지워버린 채 오직 눈앞의 한 곳만을 향해 달려가는 외곬의 신념은 삶과 역사에 대한 빈곤한 인식을 드러내는 어리석음입니다. 기차는 앞으로 앞으로 달려도, 우리의 눈은 뒤와 옆까지 두루 살필 줄 아는 역사의식의 중립지대가 확보되지 않으면 안 됩니다.

철이 지나도 한참 지난 보혁과 좌우의 이념 대결이 각기 반대 방향으로부터 기차를 몰아오며 격렬하게 부딪치는 정치과잉의 계절…. 자기신념의 오류를 스스로 시정하려는 사유의 중립지대는 어디서도 찾아보기 어렵습니다.

그러나 이성의 오류, 그 역설을 신뢰한다면 "진리를 찾겠다는 사람은 믿을지언정 진리를 찾았다는 사람은 믿지 말라"는 앙드레 지드의 충고를 따라 이렇게 외칠 수밖에 없습니다.

"달리는 기차 위에도 중립은 있다! 아니, 기차가 빨리 달리면 달릴수록 중립의 공간은 더욱 절실히 필요하다."

바다가재의
신념

자기의 신념과 다른 합리적 견해가 그 도그마의 껍데기를 뚫고
들어오면 지적 갑각류들은 거의 발작하듯 반발합니다.
반발의 강도가 클수록 충격과 두려움이 크다는 증좌입니다.
저들의 신념은 갑각 속에서 두려워 벌벌 떨고 있음에 틀림없습니다.

> 어찌하여 너는 남의 눈 속에 있는 티는 보면서, 네 눈 속에 있는 들보는 깨닫지 못하느냐? _누가복음 6:41

"금요일만 되면 생선을 먹는 그리스도인들은 평소 돼지고기를 먹지 않는 무슬림을 경멸하고, 무슬림들은 갑각류를 먹지 않는 유태교도들을 비웃는다. 그러나 그리스도인과 무슬림과 유태인들 가운데 '남의 눈에 박힌 티끌은 보면서도 자기 눈에 박힌 들보는 깨닫지 못한다'(마태복음 7:3-5)는 것을 아는 사람은 아무도 없다."

"원숭이는 왜 철학교사가 될 수 없을까?"라는 기발한 제목으로 번역 출간된 《거꾸로 읽는 철학 Antimanuel de Philosophie》의 저자 미셸 옹프레 Michel Onfray가 《무신학無神學의 탄생 Traité d'Athéologie》이라는 책에서 발칙하게도 셈족의 3대 종교를 한꺼번에 싸잡아 조롱한 말입니다.

"죽은 고기와 피와 돼지고기를 먹지 말라"(꾸란 2:172-173)는 이슬람의 율법에 따라 돼지고기를 먹지 않는 무슬림들은 생선이라면 아무것이나 다 잘 먹습니다.

유태인들도 생선을 즐겨 먹지만 게, 조개, 가재 등의 갑각류와 지느러미나 비늘이 없는 오징어, 문어, 장어 따위는 기어코 먹지 않습니다. 비늘과 지느러미가 없는 개구리 따위의 양서류는 물에서 모기나 해충들을 잡아먹기 때문에 보호할 필요가 크고, 비늘 없는 물고기는 환경호르몬 수치가 높아 조심스럽게 먹어야 한다는 현대의 과학적 근거 때문이 아닙니다. 야훼께서 직접 내린 명령이라고 믿는 모세율법의 성결규정을 글자 그대로 지키려 하기 때문입니다. "무릇 물에서 움직이는 것과 강이나 바다에 사는 것 중 지느러미와 비늘이 없는 것은 가증한 것이다"(레위기 11:10).

지느러미가 없으면 방향전환이 둔하고 비늘이 없으면 외부의 오염에 직접 노출됩니다. 삶의 '방향전환'과 '순결'은 성경의 핵심 주제입니다. '회개'로 번역되는 히브리어 '슈브שוב'와 헬라어 '메타노이아μετανοια'의 뜻이 '돌이키다'라는 의미이고 보면, 지느러미와 비늘이 없는 생선을 먹지 말라는 것은 음식의 문제가 아니라 "죄성에 오염된 삶을 순결한 삶으로 돌이키라"는 교훈임을 누구나 쉽게 알 수 있습니다. 성서의 기록을 '글자 그대로' 지켜야 한다고 우기는 근본주의자들 말고는.

비늘은 없지만 비늘보다 훨씬 더 단단한 석회질의 껍데기로 온몸을 감싸고 있는 갑각류는 외부의 오염에 노출될 위험이 거의 없습니다. 방어기제로는 갑각만큼 튼튼한 것이 없습니다. 그런데도 왜 유태인들은 갑각류를 먹지 않을까.

갑각류의 석회질 껍데기는 척추동물의 뼈 구실을 합니다. 척추동물의 뼈는 몸 안에 있지만 갑각류는 뼈가 몸 밖에 있는 셈입니다. 뼈는 몸을 지탱하고 근육을 단단히 붙들어 신체의 균형을 유지하는데, 갑각류의 껍질은 그에 그치지 않고 외부의 공격으로부터 몸을 보호하는 갑옷 구실까지 해냅니다. 아무리 날카로운 이빨을 가진 맹수라도 단단한 껍질 속에 움츠러든 소라의 몸뚱이를 쉽게 꺼내먹을 도리가 없습니다.

신체의 보호기능 면에서는 사람의 뼈보다 바다가재의 단단한 껍질이 한 수 위라고 하겠습니다. 사람을 비롯한 대부분의 척추동물들은 피부가 외부의 위험에 그대로 노출되어 있어서 외상은 물론 각종 병균의 침입에 무방비상태입니다. 얇고 부드러운 피부는 수축성이 뛰어나 기동성이 큰 반면, 외부로부터 충격을 받으면 그것이 둔탁한 것이든 예리한 것이든 간에 어떤 형태로든지 피해를 입기 마련입니다.

외부의 위험에 아무런 대책 없이 노출된 사람의 몸은 그러나 갑각류가 갖지 못한 놀라운 장점을 지니고 있습니다. 밖으로 훤히 드러난 피부의 연약함이 도리어 신체의 면역력을 크게 높여 몸속의 근육을 튼튼하게 키워줍니다. 갑각류인 바다가재의 껍질은 외부의 위험에 둔감하지만, 사람의 살갗은 외부상황에 매우 예민해서 다가오는 위험을 금방 감지해내고 온몸을 즉각 방어체제로 바꿔놓습니다.

갑각은 신체의 성장에도 불리합니다. 갑각류들은 이의를 제기할지 모르지만, 두꺼운 껍질 속에 갇힌 채로는 성장이 더딜 수밖에 없습니다. 척추동물보다 더 크게 성장하는 갑각류는 없습니다. 몸이 자라나려면 뼈가 몸 안에 있는 편이 훨씬 좋습니다. 부드러운 흙으로 사람의 몸을 만들고 모두 206개나 되는 온갖 뼈를 몸속 깊이 감춰둔 신의 지혜는 참으로 놀랍습니다(창세기 2:7).

더 놀라운 것은, 사람 중에도 갑각류가 있다는 사실입니다. 몸 이야기가 아닙니다. 베르나르 베르베르Bernard Werber가 《상대적이며 절대적인 지식의 백과사전 Le Livre secret des fourmis》에서 꼬집은 지적 갑각, 교조적 지식인과 종교인들의 정신세계를 감싸고 있는 원리주의의 껍데기, 다양한 사유들로부터 제 신념의 순결(?)을 방어한답시고 뒤집어쓴 이념적 순혈주의의 도그마를 말하는 것입니다.

한편에는 '나눔'을 극도로 싫어하는 물신의 탐욕이 드리운 차별과 불평등의 그늘을 '보이지 않는 신의 손'의 작용이라며 외면해버리는 천민자본주의가, 다른 한편에는 자연적이고 합리적인 차이마저도 깡그리 부정해야만 직성이 풀리는 공상적 평등주의가 마주 버티고 서서 서로를 향해 으르렁거리고 있습니다. 양쪽 모두 '차이'와 '차별'을 헤아릴 줄 모르는 근본주의적 도그마의 갑각 속에 갇힌 이념병입니다.

자기신념의 무오류를 믿는 정신적 갑각류들은 오직 하나의 신념을 위해 일체의 비판을 죄악시하고 다른 모든 가치들을 이단으로 몰아칩니다.

제 신념에 스스로 정당성을 부여하고 도덕적 나르시시즘에 푹 빠져있는 지적·종교적 갑각류들은 제 생각과 다른 견해를 만나면 냉소를 흘리거나 단단한 갑각으로 되받아 내쳐버립니다. 조롱과 비웃음만큼 지성에 반대되는 것이 없으련만, 저들은 감히 지성의 이름으로 조롱과 냉소를 일삼습니다. 어떤 위험 앞에서도 끄떡없는, 마치 바다가재의 껍질처럼 단단한 신념의 껍데기를 내흔들면서….

정신적 갑각류들은 그러나 실은 대단한 겁쟁이들입니다. 저들은 충격과 변화를 두려워하기에 자신의 정신세계를 우상의 갑각 속에 꼭꼭 가둬두고 있을 뿐입니다.

자기의 신념과 다른 합리적 견해가 그 도그마의 껍데기를 뚫고 들어오면 지적 갑각류들은 거의 발작하듯 반발합니다. 반발의 강도가 클수록 충격과 두려움이 크다는 증좌입니다. 저들의 신념은 갑각 속에서 두려워 벌벌 떨고 있음에 틀림없습니다.

지동설을 화형의 불길 속에 밀어 넣은 교황들은 사람의 뼈를 몸 안에 감춰둔 '신의 대리자'가 아니라, 세계관의 변화와 그에 따른 기득권의 상실을 두려워한 나머지 '근본주의의 갑각으로 온몸을 감싼 우상숭배자'들이었습니다. 모든 우상숭배의 본질은 두려움입니다. 지적 우상, 종교적 우상이라고 예외일 리 없습니다.

바다가재의 껍질처럼 단단한 일부 지식인과 종교인들의 근본주의적 신념은 자신뿐 아니라 사회공동체 전체의 성숙을 그르칩니다. "형제의 눈에 박힌 티끌은 보면서도 제 눈에 박힌 들보는 깨닫지 못하는" 그 무딘 정신의 껍데기로 말입니다.

"원숭이는 왜 철학교사가 될 수 없을까?"라는 미셸 옹프레의 물음을 이렇게 바꿔야 하겠습니다. "지적·종교적 갑각류들은 왜 역사와 철학과 종교의 정신을 다른 이들과 함께 나눌 수 없을까?"

대답은 물어보나마나 정신의 껍데기, 그 잘난 바다가재의 신념 때문이겠지만….

제3부

하나님 없이,

하나님과 함께

스님들은 빨리
예수를 믿어라?

종교 간의 소통을 막는 가장 큰 원인은 물론
교리의 차이이겠지만, 교리는 언어로 표현되는 것이기에
각 종교의 고유한 종교언어들이 소통을 방해하는
주된 요인이 됩니다. 말은 소통의 기본적 도구이기 때문입니다.

> 여러분의 시인 가운데 몇몇도 '우리도 하나님의 자녀다'
> 하고 말한 바와 같이, '우리는 하나님 안에서 살고 움직
> 이고 존재하고 있습니다'. _사도행전 17:28

서구 기독교 사회는 전통적으로 유태인들과 유태교를 이단시해 왔습니다. 성 아우구스티누스는 "유태인들은 자신들의 죄와 우리(기독교인)의 진리에 대한 증인"이라고 단언했습니다. 종교개혁자 마르틴 루터마저도 《유태인과 그들의 거짓말에 대하여》라는 글에서 "유태교의 회당들은 불태워져야 하고, 불태워지지 않은 것들은 먼지로 뒤덮여 잔해조차 보이지 않게 해야 한다. 기독교인들은 하나님과 기독교의 명예를 걸고 이 일을 수행해야 한다"고 주장했습니다.

서구의 반유태주의는 겉으로는 유태인들이 예수님을 십자가에 못 박아 죽였다는 것을 주된 이유로 삼았지만, 속에는 셈족을 멸시하는 백인들의 끔찍한 인종주의가 도사리고 있습니다. 반유태주의의 인종편견은 나치의 유태인 학살로 그 절정에 이르렀습니다.

그러나 종교 간의 갈등은 기독교와 유태교만의 일이 아닙니다. 기독교와 이슬람의 분쟁은 누천년 인류역사에 칠흑 같은 어두움을 짙게 드리워왔습니다. 11세기부터 13세기까지 200여 년간 중세 유럽을 암흑시대로 몰아넣은 십자군전쟁은 기독교(가톨릭)가 다른

종교에 대해 저지른 과오 중 가장 대표적인 것입니다. 그로부터 수백 년이 지난 2000년 3월, 로마 교황 요한 바오로 2세는 십자군전쟁의 죄과에 대해 이슬람세계와 인류역사 앞에 공식적으로 사죄했습니다.

제2차 세계대전 이후 오늘날까지 계속되고 있는 이스라엘과 아랍의 분쟁은 유태교와 이슬람교 사이의 뿌리 깊은 싸움의 연장에 다름 아니고, 인종청소로 악명 높았던 코소보 사태는 기독교도인 세르비아인과 회교도인 보스니아인 사이의 해묵은 원한 때문에 일어난 것이었습니다. 지중해 연안의 아름다운 항구도시 베이루트를 폐허로 만들었던 레바논 내전 역시 기독교도와 회교도 사이의 분쟁이 그 원인이었습니다.

셈족의 3대 종교인 유태교, 기독교, 이슬람교는 모두 구약성서의 아브라함을 같은 조상으로 여길 뿐 아니라 모세5경도 공통적으로 사용하고 있습니다. 세 종교가 한 뿌리에서 나왔으면서도 서로를 원수처럼 여기는 것은 이들 종교가 지닌 완강한 유일신 교리의 배타적 성격 때문임이 틀림없습니다. 그에 반해 유일신의 관념이 없는 불교는 다른 종교들과 심각한 갈등을 일으킨 적이 별로 없습니다.

상당수의 사람들이 기독교를 전쟁의 종교, 불교를 평화의 종교라고 부릅니다. 불교의 교조인 고타마 붓다Gotama Buddha뿐 아니라 예수나 무하마드도 깨달음을 얻은 각자覺者의 한 사람으로 보는 불교가 종교다원화 시대에 가장 적합한 종교라는 이유입니다. 실제로 많은 불교인들이 "모든 구도의 길은 하나의 정상을 지향한다"고 믿고 있습니다. 어느 한 길만이 유일한 진리가 아니라는 뜻이니, 다른 종교인들에 비해 배타성이 옅을 것은 당연합니다.

여러 종교들이 평화적으로 공존해온 한국사회가 얼마 전 개신교 장로가 대통령에 당선된 후 기독교와 불교의 갈등 때문에 큰 시련을 겪은 적이 있습니다. 종교 간의 소통을 막는 가장 큰 원인은 물론 교리의 차이이겠지만, 교리는 언어로 표현되는 것이기에 각 종교의 고유한 종교언어들이 소통을 방해하는 주된 요인이 됩니다. 말은 소통의 기본적 도구이기 때문입니다.

이를테면, 기독교의 구원과 불교의 해탈처럼 서로 대체될 수 없는 고유의 용어들을 그대로 가지고서는 두 종교가 원활하게 소통하기 어렵습니다. 기독교인들 중에도 종교다원주의를 지지하는 사람들은 "불교에도 구원이 있다"고 주장하는 반면에 보수적인 사람들은 "기독교 이외의 다른 종교에는 구원이 없다"고 주장합니다. 그러나 이것은 애초부터 논쟁이 성립될 수 없는 문제입니다. 불교는 스스로의 깨침으로 해탈에 이르고자 하는 자기구도의 길이기에 '밖으로부터 오는 구원'을 필요로 하지도 않을 뿐 아니라 그것을 아예 망상으로 치부합니다.

절대타자인 하나님을 의뢰하는 기독교의 구원과 불교의 해탈은 차원이 다를 수밖에 없습니다. 이 둘을 같은 차원에서 수평적으로 비교하는 것은 종교다원론적인 관용이나 소통이 아니라 종교혼합주의의 오류에 지나지 않습니다. 소통과 혼합은 전혀 다른 것입니다.

"불교에도 구원이 있는가?"라는 기독교인들의 물음은 마치 선가의 '무'자화두無字話頭처럼 기이한 구조를 지니고 있습니다. 부처는 "만물에 불성이 깃들어 있다皆有佛性"고 말했지만 조주선사趙州禪師는 "개에게 불성이 있는가?"라는 물음에 "없다!"고 대답했습니다. 조주가 말하는 '구자무불성狗子無佛性'은 유와 무, 있고 없음의 의미를 같은 차원에서 수평적으로 인식하는 한 도저히 깨칠 수 없는 화두입니다. 구원의 유무, 해탈이 있고 없음의 의미도 기독교와 불교의 이해가 서로 다를 것입니다. 어느 한 종교의 교리나 고유 용어로써는 다른 종교들과 제대로 소통하기 어렵습니다.

'이방인의 사도' 바울은 그리스 문화의 본산지인 아테네에 들어가 선교할 때 '예수 천당, 불신 지옥' 같은 자극적인 언어나 기독교 고유의 용어를 사용하지 않았습니다. "하나님께서는 자기가 정하신 사람을 내세워서 심판하실 터인데, 그를 죽은 사람들 가운데서 살리심으로 모든 사람들에게 확신을 주셨습니다"(사도행전 17:31).

예수의 복음을 전하면서 바울은 예수의 이름을 직접 거론하지 않고 '정하신 사람'이라고 에둘러 표현했습니다. 확신이 없어서가 아닙니다. 설득과 이해를 위한 속 깊은 배려입니다. 바울의 아테네 선교는 실패했다고 보는 비판이 없지 않지만, 내 생각에 그 비판은 배타적 근본주의의 편협성에서 나온 단견에 불과합니다.

바울은 에피쿠로스 학파, 스토아 학파의 철학자들과 토론을 벌이면서도 그리스 문화에 대한 해박한 지식으로써 그들을 설득하려고 애썼습니다. "아테네 시민 여러분, 내가 보기에 여러분은 모든 면에서 종교심이 많습니다.…여러분의 시인 가운데 몇몇도 '우리도 하나님의 자녀다' 하고 말한 바와 같이, 우리는 하나님 안에서 살고 움직이고 존재하고 있습니다"(사도행전 17:22, 28).

바울은 아테네인들에게 대뜸 예수의 말씀이나 모세5경을 들이밀지 않고 그리스 시인 아라토스Aratos의 말을 인용하여 복음을 전하고자 했습니다. 그리스의 많은 신들을 처음부터 우상이라고 공격하지 않고 오히려 그것을 하나님에 대한 유비類比로 적극 활용했습니다. 이것이 이교도에 대한 바울의 선교방식이요 열린 지혜였습니다.

목사라는 분이 "스님들은 쓸데없는 짓 하지 말고 빨리 예수를 믿어야 한다, 불교 믿는 나라들은 모두 거지같이 가난하다, 석가는 불교를 만들지 말았어야 했다"는 등의 막말을 공개적으로 해대면서 종교 간의 평화로운 소통을 바랄 수는 없습니다. 이분이 아직 뭘 잘 모르시는 모양인데, 석가는 불교를 만들지 않았습니다. 예수님도 기독교라는 제도종교를 만드신 일이 없습니다. 그 제자들과 후대인들이 스승의 가르침을 체계화·교리화해가는 과정에서 새로운 종교가 탄생하게 된 것입니다.

한 나라의 경제력과 종교를 피상적으로 연결 짓는 것도 매우 곤란합니다. 국민들 대부분이 가톨릭 신도인 남미 여러 나라는 넓은 국토와 풍부한 자원에도 불구하고 경제개발이 더딘 반면, 신도와 교세 면에서 불교가 기독교보다 월등히 강한 일본은 세계 최고수준의 경제력을 자랑하고 있습니다.

수배자들의 은신처에서 나오는 고위 승려의 승용차를 검문한 경찰의 업무집행이 불교도들의 항의를 불러 일으킬 만한 종교편향 행위인지에 대해서는 논란이 있지만, 나라가 남과 북으로, 동과 서로, 좌와 우로, 노와 사로 나뉘어 가뜩이나 사회가 혼란스러운 터에 목사님들이 불교인들을 자극하는 말을 거리낌 없이 내뱉어 사회갈등을 부추기는 것은 결코 바람직하지 않습니다. 자신은 기독교 교리에 충실했다고 뿌듯해할지 몰라도, 예수님이 남기신 사랑과 평화의 가르침에는 어긋나는 것일 수 있습니다. 교리와 율법이 아니라 그리스의 역사와 문화를 들고 그리스인들에게 다가간 사도 바울의 열린 마음, 그 소통의 지혜를 오늘 이 땅의 그리스도인들이 배워야 하지 않을까.

우상으로부터의 해방

그 어떤 해방운동이든, 본질은 '우상으로부터의 해방'입니다.
영육의 자유를 억압하는 비합리적·맹신적·폭력적 권위의
우상이 국가권력으로, 군사력으로, 경제력으로,
신분과 체제와 지성과 종교 등의 횡포로 나타났을 뿐,
모든 해방운동은 저들 우상의 권력에 대한
처절한 투쟁 외에 다른 아무것도 아니었습니다.

교회가 현대의 문화적 환경에 순응하기 위해 애쓰는 동안 교회의 영적 영향력은 급격히 쇠퇴해왔다. _리처드 니버

　인류 역사를 '해방의 역사'라고 말해도 크게 틀리지 않을 것입니다. 무지와 가난으로부터, 독재와 억압으로부터, 질병과 재난으로부터, 전쟁과 공포로부터, 그리고 예속과 차별로부터의 해방을 연면히 지향해온 역정이 인류가 수천 년 동안 경험해오고 있는 역사의 큰 물줄기라 할 수 있습니다.
　가장 위대한 해방이라 불리는 링컨의 흑인노예해방을 비롯해서 중세 말의 르네상스·종교개혁, 근세의 프랑스 대혁명·러시아 혁명, 그리고 두 차례 세계대전을 전후한 약소국의 민족해방운동 등을 그 대표적인 예로 들 수 있을 것입니다.
　1917년 11월 러시아 혁명 이후 민족자결주의의 영향을 받은 아시아와 중근동의 식민지역에서 대대적인 민족해방운동이 전개되어 1919년 한 해만도 한국의 3·1운동, 중국의 5·4운동, 인도의 사티아그라하 운동이 일어났고, 1920년 이집트의 국민당반란, 1921년 터키의 국민혁명 등이 잇달아 발생했습니다.
　제2차 세계대전 후에는 프랑스로부터 베트남이, 네덜란드로부터 인도네시아가 독립했고, 아시아·인도에서부터 중동·아프리

카·남아메리카에 이르는 광범위한 지역에 민족해방운동이 고조되어 숱한 독립국들이 탄생했습니다. 대동아공영권大東亞共榮圈이라는 일본의 허망한 야욕으로부터 독립을 쟁취한 대한민국은 광복 60년을 훌쩍 넘긴 지금, 선진국의 문턱에서 또 한 번의 도약을 향해 도전하는 중입니다.

1960-70년대에는 라틴 아메리카와 아시아에서 종속이론을 중심으로 한 '경제적 예속으로부터의 해방운동'이 거세게 일어났습니다. 종속이론은 크게 구조주의 계통과 신마르크시즘 계통으로 나뉘기도 하지만, 한마디로 말해서 "제3세계의 낙후 요인이 자국 내에 있는 것이 아니라 '중심부-주변부'의 전 세계적 잉여수탈구조에 있다"는 분석 아래, 서구중심체제로부터의 급진적인 탈종속을 주장하는 해방이론이라고 요약할 수 있습니다.

주변부의 국가들은 중심부 국가의 이윤수탈을 매개하는 보조장치에 불과하다고 파악하는 종속이론은 중심국 경제체제로부터의 혁명적 탈종속만이 진정한 세계평화를 가능하게 한다고 주장함으로써 일단의 라틴 아메리카 신학자들에게 불꽃같은 영감을 불러일으켰습니다.

1968년 콜롬비아 메델린에서 열린 라틴 아메리카 주교회의(CELAM Ⅱ)를 계기로 신학사의 전면에 등장한 해방신학의 주장은 대체로 "하나님 나라에 대한 종말론적 신앙은 잘못된 역사와 사회의 변혁 및 가난하고 소외된 민중의 해방을 위한 실천의 계기가 되어야 하며, 이를 위해 교회가 현실적·정치적 해방투쟁의 전선에 앞장서야 한다"는 데 일치되고 있습니다. 일종의 정치실천신학인 셈입니다.

칼 바르트의 종말론이나 디트리히 본회퍼의 정치신학, 가톨릭 신학자 칼 라너의 신학 등에 함축되어 있는 해방사상, 즉 '역사와 사회의 죄악에 대한 하나님의 예언자적 심판'과 '신적 공의의 종말론적 성취로서의 하나님 나라'에 대한 믿음은 남미의 가톨릭 신학자 구스타보 구티에레즈, 아스만, 고이주에타, 그리고 프로테스탄트 신학자 보니노, 알베스 등을 해방신학의 선구자들로 나서게 만들었습니다.

종속이론과 해방신학의 물결이 크게 주춤해진 오늘날, 세계 유일 초강대국으로 등장한 미국은 세계화를 새로운 시대정신으로 내걸고 거대한 국력을 바탕으로 세계를 단일 경제권에 통합시키려는 정책을 강력히 펴고 있는데, 이에 대항하여 유럽과 아시아 각국의 정부 및 시민운동단체들이 세계화를 새로운 제국주의라고 비판하면서 반세계화의 기치를 높이 휘두르고 있습니다. 역사의 긴 안목으로 보면 이 또한 경제적 예속으로부터의 탈출을 위한 해방운동의 한 흐름에 포섭될 수 있을지 모르겠습니다.

이즈음 유전자의 성분을 분리하여 재결합하는 실험이 성공한 이래 유전자공학과 과학정보기술이 결합된 '꿈의 바이오테크 시대'가 도래함으로써 세계 각국이 인간배아복제와 생명체의 유전자 조작에 나서고 있습니다. 미래의 인류는 아마도 주문형 인간의 생산으로 인간의 결정론적 운명 그 자체로부터의 탈출을 꿈꾸는 소위

'인간성의 한계로부터의 해방'을 겁도 없이 시도하려 들는지도 알 수 없는 일입니다.

질병과 죽음으로부터의 해방, 무병장수의 꿈을 최종 목표로 하는 배아복제술은 그러나 단순한 의학이나 과학기술의 범주를 넘어 '무로부터의 창조 Creatio ex nihilo'를 믿는 종말론적 생명윤리를 거스르는 영적 쿠데타가 되지 않을는지…. 생명의 경이로움과 인간성의 신비를 조롱하고 인간관계와 인격의 바탕을 물질세계로 환원함으로써 신의 창조섭리에 대한 거역으로 나타날 개연성이 너무도 큽니다. 나로서는 아직 배아복제술을 인류의 연면한 해방운동의 흐름 속에 포함시킬 생각이 없습니다.

그러나 그 어떤 해방운동이든, 본질은 '우상으로부터의 해방'입니다. 영육靈肉의 자유를 억압하는 비합리적·맹신적·폭력적 권위의 우상이 국가권력으로, 군사력으로, 경제력으로, 신분과 체제와 지성과 종교 등의 횡포로 나타났을 뿐, 모든 해방운동은 저들 우상의 권력에 대한 처절한 투쟁 외에 다른 아무것도 아니었습니다. 자유란 곧 우상숭배의 대항명제對抗命題에 다름 아닙니다.

우상은 모습·영상 등의 뜻을 가진 라틴어 '이돌라 idola'에서 유래한 말인데, 인간의 인식과 실재하는 대상 사이에 개재된 선입적先入的 오류의 상을 뜻합니다.

《신기관 Novum Organum》을 쓴 베이컨 Francis Bacon은 진리에의 추구를 방해하는 허위의 우상으로서 인간의 본성적 선입관인 '종족의 이돌라', 각 개인에게 고유한 선입관인 '동굴의 이돌라', 사회생활상의 구조적 선입관인 '시장의 이돌라', 그리고 사상과 종교의 선입관인 '극장의 이돌라' 등 네 가지 우상을 들고 있습니다. 한마디로 혈통과 사상과 체제와 이념의 굴레 속에서 마치 연극을 보는 것처럼 무엇이 진짜 현실이고 무엇이 가짜인지 식별할 수 없는 정신적 마비상태를 지적하는 것입니다.

현대사회만큼 화려하게 장식된 환상으로 인간의 자유로운 영혼을 노략질하는 사회도 달리 없었습니다. 컴퓨터는 21세기의 살아있는 신화가 되었고, 대중예술과 스포츠는 현대인들에게 대체종교代替宗敎의 우상으로 확고히 자리 잡아가고 있습니다. 장래 의사나 학자가 되겠다는 학생들은 점점 적어지고, 인기가수나 모델·배우·연예인·프로게이머 등을 꿈꾸는 청소년들이 날로 늘어나는 추세입니다.

이 모든 현대적 우화의 뒤꼍에는 인간의 꿈과 환상을 자극해서 분별력을 마비시키는 저널리즘의 우상이 버티고 있는데, 그 밑바탕에 있는 것은 과학기술만능주의, 경제제일주의, 그리고 유흥과 향락의 신화들입니다.

정보기술과 경제와 유흥은 이제 교회와 신앙인들에게조차 유력한 우상으로 다가와 있는 듯합니다. 최신 컴퓨터 기자재는 신도관리와 교회교육에 없어서는 안 될 중요 자산이 되었고, 열광적인 율동과 사이버 전자악기의 굉음으로 어우러진 CCM의 이벤트들은 청소년 선교의 필수 커리큘럼으로 단단히 자리 잡았으며, 재정의 확장과 상업적 경영기법은 교회발전의 필요불가결한 요소처럼 인식되고 있습니다.

니버 H. Richard Niebuhr는 《세상에 맞서는 교회 *The Church Against the World*》라는 책에서 "교회가 현대의 문화적 환경에 순응하기 위해 애쓰는 동안 교회의 영적 영향력은 급격히 쇠퇴해왔다"고 지적하면서 "인간의 마음을 사로잡고 있는 현대의 문화적 실재들 속에 내재한 우상의 요소를 간파하지 못하고, 도리어 그 현실적 유용성에만 집착하여 교회 스스로가 그것들과 능동적으로 관련을 맺어감으로써, 시대를 분별하며 하나님의 나라를 향한 삶을 결단할 의지와 통찰력을 상실했다"고 탄식했습니다.

"땅에 충만하라, 땅을 정복하라, 바다의 고기와 공중의 새와 땅에 살아 움직이는 모든 생물을 다스리라"(창세기 1:28)는 장중한 선언으로 인간을 '자연의 힘'이라는 거대한 우상으로부터 해방시킨 야훼 하나님은 다시 그리스도의 십자가를 통하여 인간을 죄와 사망으로부터 해방시켰습니다.

그러나 자연과 죄와 사망으로부터 해방된 인간이, 심지어 그리스도인들조차도, 다시금 자연과 죄와 사망의 우상 앞에 무릎 꿇어 하나님의 해방의 역사를 거스르고 있는 것이 오늘의 실상이 아닐까 합니다. 환경보호운동의 첨단적인 한 흐름은 무분별한 자연숭배의 경지에까지 이르렀고, 죄의식과 죽음의 공포는 불로장생을 꿈꾸는 과학기술을 마치 신앙처럼 떠받들게 만들었습니다.

이성을 흐리고 영혼의 자유를 옥죄는 현대의 우상, 그 거짓 신들을 향하여 결연히 "아니오!"라고 외칠 수 있는 분별력과 영성을 회복하지 못하는 한, 아직 '참 자유의 해방'을 기뻐할 때는 아닐 것입니다. 적어도 그리스도인들에게는….

무엇으로부터의 자유가 아닌 무엇에로의 자유

짐승의 피가 필요했던 구약의 파스카,
그리스도의 피를 요구했던 신약의 파스카는
오늘 우리에게 우리들 자신의 피를,
우리들 자신의 전 인격적·전 존재적인 소멸을
요구하고 있습니다.

오직 올바른 그리스도인만이 진정한 무신론자(우상파괴
자)가 될 수 있다. _유르겐 몰트만

어느 날 나이 서른 안팎의 한 젊은이가 나사렛의 회당 안으로 들어가 마치 랍비처럼 (구약)성서의 두루마리를 펼쳐들고 이사야의 예언을 또박또박 읽어 내려갔습니다. "주의 영이 내게 내리셨다. 주께서 내게 기름을 부으셔서, 가난한 사람들에게 복된 소식을 전하게 하셨다. 주께서 나를 보내셔서 포로 된 사람들에게 자유를, 눈먼 사람들에게 다시 보게 함을 선포하고, 억눌린 사람들을 풀어주고 주의 은혜의 해를 선포하게 하셨다"(누가복음 4:18-19).

포로 된 자들에게 해방을! 억눌린 자들에게 자유를! 예수의 공적 활동은 이 선언과 함께 시작되었습니다. 은혜와 신원(伸寃)의 날―메시아의 도래와 함께 이루어질 완전한 자유의 선언이 그의 첫 번째 선포였습니다.

장장 430년 동안 애굽에서 노예살이를 하고 있던 이스라엘 백성은 야훼 하나님의 신탁을 받은 모세의 열 가지 재앙으로 민족해방의 대역사를 시작했습니다. 그 마지막 재앙에서 애굽의 모든 사람과 짐승들 중 처음 난 것은 다 죽었지만, 이스라엘 백성은 아무 피해도 입지 않았습니다.

이스라엘 백성은 모세의 지시에 따라 집집마다 양을 한 마리씩 잡아, 양고기와 누룩을 넣지 않은 빵과 쓴 나물을 함께 먹고, 죽은 양의 피를 문틀과 문설주 양쪽에 발랐습니다. 그 결과 애굽의 모든 집에 내린 재앙이 양의 피가 묻은 이스라엘 백성의 집 문을 지나쳐 그냥 넘어갔습니다. 여기서 '넘어간다(파스카 Pasca)'라는 뜻의 유월절이 유래합니다. 이것이 구약에 나타난 '성부 하나님의 파스카'입니다.

이스라엘은 이렇게 애굽의 구속에서 벗어났지만, 그것이 곧 완전한 해방은 아니었습니다. 그들은 광야와 가나안에서 다시금 새로운 억압의 굴레, 곧 수많은 우상의 체제에 직면해야 했습니다. 바알, 아스다롯, 아세라, 다곤, 그모스, 마르둑, 몰렉, 느보, 네르갈…. 그 숱한 번영과 풍요의 우상들 속에서, 그리고 성전제사와 율법주의의 경직된 폐쇄종교 속에서 이스라엘은 다시금 영적 예속의 삶을 살아야 했습니다.

우상의 타파를 부르짖는 예언자들의 목은 왕들의 칼날에 피를 흘려야 했고, 공의와 진실을 외치는 소수의 목소리는 성전제사장들의 모진 핍박을 피해 광야의 허공을 헤매야 했습니다. 마침내 세례 요한과 예수마저 처형되고 나자 우상으로부터의 해방의 역사는 종말을 고하는 듯했습니다.

그러나 하나님은 또 하나의 파스카 곧 새로운 유월절을 준비하여 인간 영혼의 해방을 위한 구속의 역사를 열었습니다. "내가 진정으로 진정으로 너희에게 말한다. 나의 말을 듣고 또 나를 보내신

분을 믿는 사람은 영생을 얻고 심판을 받지 않는다. 그는 죽음에서 생명으로 옮겨갔다"(요한복음 5:24).

사망에서 생명으로, 예수님의 이 말을 받아 사도 바울은 이렇게 고백합니다. "그리스도 안에서 생명을 누리게 하는 성령의 법이 모든 믿는 사람을 죄와 죽음의 법에서 해방하여 주었다"(로마서 8:2). 죄와 사망으로부터 넘어가는 영적 해방, 이것이 신약의 유월절 곧 '성자 예수 그리스도의 파스카'입니다

우리 민족에게 일제로부터의 독립이 곧 온전한 민족해방이 아니었고, 한국전의 휴전이 곧 전쟁의 종식은 아니었습니다. 군사독재와 권위주의체제의 붕괴가 곧 민주화는 아니었으며, 경제발전이 자립경제의 완성이 아니었듯 사상의 자유가 정신의 해방을, 종교의 자유가 영혼의 해방을 가져다주지 못했습니다.

사상의 봇물이 터지자 파시즘의 광기를 충동질하는 이데올로기가 우상으로 등장했고, 포교의 자유가 보장되자 교조주의dogmatism와 종말론과 경직된 근본주의의 오류들이 신앙인의 영혼을 좀먹기 시작했습니다.

올바른 신관을 상실하면 반드시 우상숭배에 빠지게 되는 것이 종교와 정신사의 연면한 흐름이고 보면, 우상숭배는 종교 이전의 원시적 단계가 아니라 오히려 종교 이후에 '종교가 퇴화한 잔재'라는 최근 민속학의 결론은 매우 타당한 것으로 보입니다.

신을 위한 무신론자, 메시아적 무신론자로 불리는 에른스트 블로흐Ernst Bloch는 《기독교 안의 무신론》이라는 책에서 "오직 무신

론자만이 진정한 그리스도인이 될 수 있다. 무신론만이 세상의 우상들로부터 인간을 해방시킬 수 있기 때문이다"라는 극단적인 모순의 주장을 폈는데, 나는 여기의 무신론을 '인간의 본성적 종교성이 추구하는 온갖 우상의 체계들에 대한 거부의 태도, 곧 우상타파론'으로 고쳐 읽습니다.

그렇다면 "오직 올바른 그리스도인만이 진정한 무신론자(우상파괴자)가 될 수 있다. 왜냐하면, 십자가에 못 박힌 그리스도를 믿는 신앙은 모든 대체종교와 인간숭배, 그리고 국가권력에 대한 두려움으로부터 인간을 해방시키기 때문이다"라는 몰트만Jurgen Moltmann의 답변도 블로흐의 생각과 정반대의 뜻만은 아님이 분명합니다. 그리스도가 모든 대체종교와 인간숭배, 권력과 체제에 대한 두려움으로부터 인간을 해방시킬 수 있는 것은 그리스도가 '하나님이 된 사람'이 아니라 '사람이 되신 하나님'이기 때문일 것입니다. 모든 우상들이 신격화를 지향하는 반면, 참 신앙은 인간화, 성육신을 지향하고 있습니다.

휴머니스트인 인문주의자들과 불자들은 자유를 위한 해방의 계기를 인간 자신에게서 찾지 않고 신에게서 찾으려는 기독교의 태도야말로 가장 근원적인 예속이며 자유의 모순이라고 주장하지만, 불완전한 인간 자신 안에서 완전하고도 근원적인 자유의 계기를 찾고자 하는 것이야말로 불완전한 자유의 자기만족, 또는 일체가 공쏫이라는 '거대한 허무의 비존재'를 추구하는 것이 아닐까.

인간에게 가장 고약한 자유의 굴레는 다름 아닌 인간 자신이라는 것이 역사와 우리들 일상의 경험이요 지혜입니다. 누구에게나 최후의 우상은 바로 자기 자신이기 때문입니다. 그래서 모든 명상 수련의 길은 '나로부터의 해방'에 귀착되기 마련입니다.

그러나 '무엇으로부터의 자유'는 (비록 '나로부터의 해방'이라 할지라도) 근원적인 해방에서 아직 멉니다. 그것은 더 높은 차원의 자유를 향한 갈증과 욕구를 불러일으킵니다. 에리히 프롬이 '무엇으로부터의 자유'가 아니라 '무엇에로의 자유'만이 진정한 해방을 가져다줄 수 있다고 믿는 것은 이 때문일 것입니다.

'무엇으로부터의 자유'가 가져다주는 비주체적인 고독과 불안은 결국 또 다른 억압의 굴레를 지향하는 새도-매조키즘의 권위주의에 의존하게 되고, 참 자아가 아닌 거짓 자아에 만족하는 허위의식으로 귀결됩니다. 그 결과는 파시즘이나 종교적 광신의 열정이라는 '자유로부터의 도피'를 경험케 할 따름입니다.

예수님은 '무엇으로부터의 자유'에 얽매이지 않았습니다. "너희 가난한 사람은 복이 있다. 하나님의 나라가 너희의 것이다"(누가복음 6:20). 가난하여 금과 은이 필요한 사람들에게 예수님은 '궁핍으로부터의 해방'을 선포하지 않고 '하나님의 나라'를 지향하는 새롭고 궁극적인 자유를 제시했습니다.

산업자본주의의 한계적 모순과 사회주의 이상향의 허구가 적나라하게 폭로되고 있는 오늘날, 빈곤과 궁핍으로부터 탈출하여 도달하고자 하는 풍요의 세계가 결코 유토피아가 아닌 것은 이제 증명을 필요로 하지 않는 역사적 진실이 되었습니다. 부와 풍요는 인간의 끝없는 욕구want를 나타내는 또 다른 결핍want이요 빈곤일 뿐입니다.

짐승의 피가 필요했던 구약의 파스카, 그리스도의 피를 요구했던 신약의 파스카는 오늘 우리에게 우리들 자신의 피를, 우리들 자신의 전 인격적·전 존재적인 소멸을 요구하고 있습니다.

이 땅에 나라가 선 이래 처음으로 누린다는 물질적 풍요 속에서, 한 집 건너 교회당이요 상가 건물 옥상마다 십자탑이 올라앉은 오늘의 거리들이 이다지도 어둡고 황폐하고 더럽기까지 한 것은 우상의 그늘로부터 우리의 삶을 해방시킨 야훼의 파스카가 없기 때문도 아니요, 죄와 사망으로부터 우리의 영혼을 해방시킨 그리스도의 파스카가 없기 때문도 아닙니다.

진리의 영에 감화된 인격의 쇄신, 궁극적 자유의 본향인 하나님 나라를 향하여 스스로의 피를 흘리며 전진하는 삶의 진실이 없기 때문입니다. 자신의 피와 땀으로써 증명해내지 못하는 허허로운 고백이 자유로운 영혼에서 솟아오른 것일 수 없고, 스스로의 인격과 삶으로써 나타내지 못하는 공허한 선포가 오늘의 파스카가 될 수 없는 이유입니다.

유난히 후덥지근한 대기가 온 몸을 축축하게 감싸오는 이 아침, 갑자기 내 삶의 모든 자리를 근본에서부터 뒤흔들어 저 집요한 우상의 굴레들로부터 훌쩍 자유로워지고 싶은 충동에 사로잡힙니다. 그리고 그 충동 끝에 한 사형수의 고요한 속삭임이 큰 감화의 울림으로 다가오고 있습니다. "진리의 영이 너희를 자유롭게 할 것이다"(요한복음 8:32).

자유롭게 하는 진리의 영…. 여기에다 나는 감히 '성령의 파스카'라고 이름 붙여봅니다. 이것이 오늘의 유월절이요, 우리가 못내 그리워할 종말론적 자유일 것이라는 믿음에서입니다.

"진리의 한마디는 전 세계보다 무겁다"는 알렉산드르 솔제니친의 외침처럼, 온갖 미망과 허위의 우상들로 혼탁하기만 했던 저 압박받는 땅 유태의 한 구석에서 울려나온 외침, 영혼의 정화와 인격의 쇄신에 대한 소망으로 온 인류의 마음을 사로잡은 한 목소리…. "진리가 너희를 자유롭게 할 것이다."

역사상 가장 위대한 해방의 선언이라고 믿어 아무 의심 없는 이 울림이 지금 내 가슴속 깊은 곳을 줄곧 두드려대고 있습니다.

하나님 없이,
하나님과 함께

'하나님 없이'는 무신론의 표명이 아니라
인간의 주체적 결단을 강조하는 것이고,
'하나님 앞에서'는 신에 대한 궁극적인 신뢰를,
'하나님과 함께'는 인간의 자유의지와
신적 섭리의 조화를 의미합니다.

아우슈비츠 안에도 삶이 있었다. 심지어 행복도 있었다.
_임레 케르테스

얼마 전 가난한 군사독재의 나라 미얀마를 초토화시켰던 사이클론은 당시 중국의 쓰촨성 대지진과 미국산 쇠고기 수입반대 촛불집회 등 국내외의 큰 이슈에 가려 세인의 주목을 별로 받지 못했지만, 그 피해규모가 쓰촨성 지진에 못지않은 엄청난 재난이었습니다. 나르기스Nargis라고 이름 붙여진 미얀마 사이클론은 시속 190킬로미터 이상의 폭풍우를 몰고 오며 하필이면 수확기를 맞은 곡창지대 이라와디 삼각주를 3분의 2가량이나 휩쓸어 버리면서 10여만 명 이상의 목숨을 앗아갔습니다. 외신이 전하는 현지상황은 마실 물도, 먹을 것도, 잠잘 곳도 없는 3무三無의 절망적인 상태였다고 합니다. 이것이 정녕 사랑의 하나님, 전능한 신이 허락하신 일이란 말인가.

끔찍한 재난 앞에서 신을 부정하거나 신에게 절망하는 것을 탓하기는 참 어렵습니다. 적절한 반론이 선뜻 떠오르지 않습니다. 그도 그럴 것이, 성경은 참새 한 마리라도 하나님의 허락 없이는 땅에 떨어지지 않는다고 증언하기 때문입니다(마태복음 10:29). 미얀마의 저 숱한 피해자들이 참새 한 마리보다 못할 리야 없지 않은가.

　오랜 세월, 불행과 재난을 수도 없이 겪어온 인류는 성경이 말하는 전지전능한 사랑의 신은 존재하지 않을 개연성이 크다는 것을 절실히 경험해오고 있습니다. 비록 신이 있다 하더라도 사악한 신이거나 전지전능하지 않은 불완전한 존재일 것이라는 추론도 매우 강합니다. 신앙을 고백하고 열심히 기도를 드리는 신자들 중에도 실은 '하나님 없이' 살아가는 데 익숙한 사람들이 적지 않습니다. 이런 사람들에게 기도는 자기 위안이나 명상의 도구 외에 별다른 의미를 갖지 못합니다.

　순탄한 때에는 굳이 신에게 의존할 필요가 없고, 그저 어떤 어려움을 당했을 때 안성맞춤으로 도움의 손길을 내밀어줄 신이 필요하다고 여기는 사람들이 많습니다. 그러나 그런 '요행의 손재주'를 부려줄 신이 없는 것은 거의 확실합니다.

　어떤 신자들은 장래 혹은 사후의 보장을 위해 헌금을 무슨 보험료처럼 꼬박꼬박 내기도 하지만, 신이 그런 보험업을 경영하지 않는다는 것 또한 틀림없어 보입니다. 그런 요행, 그런 보장이 없어서 신을 부정하거나 신에게 절망하는 것이 아닙니다. 전능한 사랑의 하나님이 왜 끔찍한 불행을 허용하시며 나 몰라라 하듯 방임하고 계시는가 하는 의문 때문에 신에 대한 부정과 절망이 솟아나는 것입니다.

　이런 부정과 절망은 비단 자연재해를 통해서만 나오는 것은 아닙니다. 불치의 질병으로 고통받는 어린이들, 아무 명분 없는 전쟁으로 가족과 삶의 터전을 잃고 방황하는 민중, 정의도 윤리도 외면한 채 오직 이기적 욕망만을 위해 치달리는 사람들의 영악스러운 성공 사례도 정의롭고 공평한 신을 의심하기에 부족하지 않아 보입니다. 아니, 사악한 사람들의 성공뿐이라면 그런 대로 참을 수도 있겠습니다. 힘 있는 사람들에게 이유 없이 삶을 유린당하는 우리네 선량한 이웃들의 좌절감은 한낱 피조물인 사람의 눈으로 보기에도 딱하기 이를 데 없습니다. 하물며 사랑의 하나님이랴!

신의 존재를 더욱 의심하지 않을 수 없게 만드는 것은, 평생을 하나님께 헌신하겠노라고 서약한 종교인들이 그 신성한 부름을 조롱하듯 서슴없이 비행을 저지르곤 하는 기막힌 현실입니다. 저들을 자신의 종으로 불러낸 하나님이 어찌 믿음직스러우랴.

부도덕한 성직자들이 입으로 고백하는 하나님이 참으로 존재한다면 절대로 그냥 두고 보실 수는 없을 그네들의 비신앙적 모습 앞에서 문득 정의롭고 공평한 하나님의 존재를 부정하고픈 강한 충동에 사로잡히곤 합니다. 꼭 성직자들만의 이야기가 아닙니다. 믿음과 삶의 실상이 그들보다 별반 나을 것도 없는 나 자신에게 내뱉는 탄식이기도 합니다.

혼돈과 부조리로 가득한 이 세상에서, 인간만사는 아무래도 공평해 보이지 않습니다. 마르크시즘이 선전하는 평등한 유토피아는 결코 오지 않을 것입니다. 다만 노력하고 애쓸 따름입니다. 실질적 공평을 위해 고안된 '배분적 평등'이라는 지혜도 불공평한 상황을 부분적으로 보완하는 것일 뿐, 완전한 평등을 보장해주지는 못합니다. '배분적'이라는 말 자체가 이미 불평등을 전제로 하는 것이기에.

"신은 공평한 존재인가?"라는 물음에 대하여 C. S. 루이스는 판타지 소설 《우리가 얼굴을 찾을 때까지 Till We Have Faces》에서 현명한 노인의 입을 빌려 '매우 현명치 못한' 대답을 내놓습니다. "오, 그렇지 않단다. 애야, 신들이 공평하다면 우리가 어떻게 되겠니?" 신이 기계적·산술적으로 공평하기만 하다면, 인간들은 모든 것이 꼭 같아 불평은 없어질지 몰라도 삶의 역동성과 다양성, 인격의 자유와 개성은 어디에서도 찾아볼 수 없을 것이라는 성찰입니다.

헝가리의 노벨상 수상 작가 임레 케르테스Imre Kertész는 열다섯 어린 나이에 아우슈비츠 수용소에 끌려갔다가 요행히 독가스실을 피하고 살아나온 사람입니다. 수용소 안에서 나치의 폭력적 광기에 점차 적응해가는 동안 뜻밖에 안온한 행복감마저 느꼈었다고 고백하는 케르테스는 소설 《운명은 없다 Fateless》에서 매우 놀라운 증언을 합니다. "아우슈비츠 안에도 삶이 있었다. 심지어 행복도 있었다." 아우슈비츠 안에서의 행복이라니, 그것도 신이 내린 복이라고 고마워할 것인가?

이 심중한 의문에 대하여 본회퍼는 새로운 관점 하나를 제시해줍니다. 히틀러 암살음모 혐의로 사형선고를 받고 감옥에 갇힌 본회퍼는 옥문을 깨뜨려 베드로를 탈옥시켰던 천사(사도행전 12:5-9)를 기다리지 않았습니다. 그는 감옥 안에서 묵묵히 형 집행을 기다리다가 나치의 손에 처형되었습니다.

본회퍼는 올바른 신앙의 길을 "하나님 없이, 하나님 앞에서, 하나님과 함께 ohne Gott, vor Gott, mit Gott"라는 단 세 마디의 모순명제로 요약했습니다. 여기서 '하나님 없이'는 무신론의 표명이 아니라 인간의 주체적 결단을 강조하는 것이고, '하나님 앞에서'는 신에 대한 궁극적인 신뢰를, '하나님과 함께'는 인간의 자유의지와 신적 섭리의 조화를 의미합니다. '하나님 뒤에서, 하나님의 손에 이끌리기'만을 바라며 천사가 나타나주기를 기다리는 것은 신앙이 아니라는 뜻이겠습니다. 하나님은 '없이'와 '함께'의 모순, 그 사이에 존재하십니다.

"예수 이전의 유태교가 메시아를 기다리면서 신의 일방적 섭리에 종속되어 있었다면, 예수라는 메시아가 이미 도래했다고 믿는 기독교는 메시아 사건이 일으킨 새로운 공간에서 인간 스스로가 주도적 역할을 찾는 것이다." 슬로베니아의 철학자 슬라보예 지젝 Slavoj Žižek의 생각입니다.

주체적 결단을 망설이며 신의 도움만을 고대하는 인간들에게 "네 십자가를 지고 나를 따르라"고 가르침으로써 '(우리의 십자가를 대신 짊어져주는) 메시아 없이, (스스로 십자가를 지고 죽은) 메시아와 함께' 걸어가는 주체적 자유의 길을 열어놓은 것은 바로 예수님 자신입니다(마태복음 16:24).

아직도 극심한 고통 속에서 헤어나지 못한 채 허덕이고 있을 미얀마 사이클론 피해자들의 귀에 따뜻한 위로의 말로 들릴 턱이 없겠지만, 그래도 저들의 주체적인 삶의 의지와 소망, 그리고 불퇴전 不退轉의 용기를 기대하면서 앞뒤가 맞지 않는(?) 격려의 말 한마디를 띄워 보냅니다. "하나님 없이, 하나님과 함께."

당신은
누구인가

가상의 초과실재들이 넘실거리는
시뮐라시옹(거짓, 가짜, 꾸밈)의 시대….
오늘 이 땅의 학자와 예술인, 정치인과 종교인들은
이 물음 앞에 소곳이 서야 합니다. 당신은 누구인가?

> 교인들에게 '행함이 없는 믿음은 거짓 믿음'이라고 말하면 얼굴이 싸늘해진다. 그래서 목사들은 회개나 반성보다는 듣기 좋고 부드러운 말을 골라 한다. _2007년 평양대부흥 100주년 기념집회에서

"문제는 바로 '당신은 누구인가?'다. '김 아무개' 등으로 알려진 브랜드 이름 말고 정말 나의 진정한 이름을 찾아야 한다. 그렇게 '나'를 찾아가다보면 그동안 겉으로 보여주었던 단편적인 모습 외에 숨어 있는 여러 형태의 또 다른 내 모습을 찾을 수 있다."

성직자의 설교나 선방禪房의 가르침이 아닙니다. 이 감동적인 말은 어느 유명 비엔날레의 예술감독으로 선정되었다가 외국대학 박사학위가 가짜라는 것이 밝혀져 사회에 큰 충격을 몰고 온 어느 전직 교수의 〈당신은 누구인가?〉라는 칼럼입니다. 이 교수는 박사학위뿐 아니라 석사와 학사 학위마저도 가짜가 아닌가 하는 의혹을 받고 있습니다.

어쩌면 그녀는 다른 사람이 아닌, 바로 자기 자신을 향해서 '당신은 누구인가?'라고 물었을지도 모르겠습니다. 사기죄와 업무방해죄의 혐의로 구속되어 유죄 판결을 받은 이 정체 모를 박사 교수는 우리 미술계에서 진짜 박사들보다 훨씬 더 왕성하게 활동한 재원이었고 언론과 평론가들로부터 입에 침이 마르도록 칭찬을 받아온 전문 큐레이터였습니다. 상도 많이 받았다고 합니다. 재능이나

예술혼이 학력과 정비례하는 것도 아닐 뿐더러 오히려 반비례하는 경우마저 적지 않지만, 그녀에게 아무 학력이 없었더라도 과연 그 상과 찬사들이 주어졌을지는 자못 의문입니다.

유명 대학교수의 가짜 박사학위 소동 속에서 부끄러웠던 것은 비단 그녀만이 아닐 것입니다. 외국 박사 학위에 게걸들린 듯한 우리 사회의 천박성, 합리적 검증을 소홀히 해온 우리 학계와 예술계의 허위의식이 다함께 비판과 질책을 받아 마땅합니다. 작가의 노고가 깃든 예술작업을 판별하는 눈이 그 성과물 자체에 집중되지 않고, 학위니 경력이니 하는 따위의 곁가지들에 흐려져서야 어찌 진위를 제대로 검증할 수 있을까?

수년 전, 줄기세포 연구로 세계적 명성을 얻은 어느 과학자의 가짜 연구결과가 국내외에서 큰 물의를 빚은 적이 있습니다. 아직 진상이 말끔하게 밝혀지지는 않았지만, 우리 학계의 진실성과 합리적 검증 능력이 크게 의심받았을 뿐 아니라 무분별한 우상화 작업에 앞장섰던 정부와 언론도 호된 비판의 도마 위에 올랐습니다. 그리고 '세계최고'를 좋아하는 우리 민족의 부박한 영웅주의도 자성의 대상에서 예외라 할 수 없었습니다.

그나마 학문이나 예술의 영역에서는 뒤늦게라도 이런 검증이 가능해졌기에 어느 정도는 신뢰를 회복할 가능성이 남아있습니다. 예전엔 검증 자체가 가능하지 않았습니다. 그 시절 얼마나 많은 가짜들이 진짜를 울리며 득세하고 거드름을 피웠을지, 생각만 해도 우울해집니다.

세상이 온통 겉모습의 이미지에 놀아나는 오늘의 세태는 실제의 내용보다 화려한 포장지에만 정신이 팔려 있는 가짜들의 전성시대인 듯합니다. 번쩍이는 도금鍍金으로 치장한 가짜들이 진짜보다 더 진짜 같아 보입니다. 중국은 지금 거대한 짝퉁 시장, 가짜들의 전시장이나 다름없습니다. 만두피에 골판지까지 섞어 넣는 판입니다. 게다가 멜라민 우유에다 청산가리가 첨가된 생선 등 식품 사고가 쉴 날이 없습니다. 이것들이 세계 각국으로 수출되어 세계인을 경악케 하고 있습니다.

이처럼 가짜가 진짜를, 허상이 실체를 대체해버린 초과실재超過實在의 가상세계를 장 보드리야르Jean Baudrillard는 '시뮬라크르simulacre'(그림자, 복제, 환영)라고 불렀습니다.

더욱 황당한 것은 정치의 세계입니다. 정치의 영역에는 때늦은 검증도 없고, 비록 있다 해도 그 폐해를 보상할 수 있는 가능성이 거의 남지 않습니다. 정치는 사실과 과학의 문제가 아니라 가치와 통찰의 문제이기 때문입니다. 너나없이 '민주'의 이름을 붙인 여야의 모든 정당들이 거의 예외 없이 반민주적 권위주의의 정치관행에 함몰되어있는 정치현실은 우리를 매우 허탈하게 만듭니다.

가짜 민주주의, 가짜 자유주의의 초과실재를 마치 진짜처럼 들고 나와 국민의 눈을 홀리는 정치판의 시뮬라크르에서 진짜 공복公僕을 가려내야 하는 국민의 짐은 무거울 수밖에 없습니다. 각종 공직선거를 치를 때마다 입후보자들에 대한 검증공방이 치열하면 치열할수록 국민의 피로는 쌓여만 갑니다. 선거 전의 공약公約들은 선거 후에 공약空約으로 둔갑하기 일쑤였고, 서민을 위한 정책을 펴겠다던 정치인들이 은밀히 재력가과 어울리는 뒷거래를 수도 없이 보아왔습니다.

그래도 정치계는 좀 나은 편입니다. 가짜에게 속아봤자 임기 4, 5년만 지나면 또 새로운 기회가 찾아오기 때문입니다. 가짜들은 이리 흩어졌다 저리 합쳤다 하면서 또 다시 국민의 눈을 속이려 들겠지만 어차피 그 시뮐라크르도 임기 4, 5년이면 끝납니다.

정말 무서운 것은 종교계의 가짜들입니다. 가짜 종교인일수록 화려한 영적 이미지를 주렁주렁 걸치고 연예인들의 오빠부대를 능가하는 추종 세력을 몰고 다닙니다. 저들이 제시하는 축복처럼 아늑하고 나른한 시뮐라크르도 없습니다. 복음의 실재를 변질시킨 저들의 초과실재는 온통 황금보석으로 꾸민 가상의 천국입니다.

"한국 교회는 겉으로 보기에는 자랑거리가 한두 가지가 아니지만 목사의 신뢰도는 하위권이고 기독교인들은 이중인격자로 불리는 것이 지금의 현실이다. 목회자나 성도나 모두 눈 감고 기도할 때는 회개하지만, 눈을 뜨면 세상 유혹을 좇아 살며 자기 밥그릇을 위해 싸운다. 교인들에게 '행함이 없는 믿음은 거짓 믿음'이라고 말하면 얼굴이 싸늘해진다. 그래서 목사들은 회개나 반성보다는 듣기 좋고 부드러운 말을 골라 한다. 복음을 변질시켰다는 비판에서 자유로운 목회자가 얼마나 되는가?" 2007년 열렸던 평양대부흥 100주년 기념집회에서 어느 유명 목회자가 한 설교입니다.

이 감동적인 설교 전후에 성의聖衣를 몸에 두른 목회자들이 단상에서 열정적으로 손을 흔들며 청중을 인도하는 가운데, 두 팔을 높이 내저으며 쏟아내는 신도들의 기도와 찬송 소리, 드럼 기타 등 고주파 전자 악기의 높은 음향이 고막을 터뜨릴 듯 요란스레 울려 댔습니다. 현란한 레이저 쇼와 엄청난 비용을 들였을 불꽃놀이는 눈이 부실 지경이었습니다. 이것이 복음의 변질을 질타하고 회개를 촉구하는 설교가 울려 퍼진 그날의 집회현장 모습이었습니다.

우상 바알의 제사장들은 대단히 시끄럽고 열정적으로 기도했습니다. 바알은 아마도 청각이 형편없는 신이었나 봅니다. 저들은 아침부터 낮까지 바알의 이름을 부르며 칼과 창으로 몸을 찔러 피를 흘려가면서 소리 높여 기도했습니다(열왕기상 18:26-28). 매우 열정적인 종교적 시뮬라크르였을 것입니다.

그러나 엘리야의 기도는 고요했습니다. 갈멜산에서의 그의 몸가짐은 앞의 집회현장에 모였던 한국 신도들과는 사뭇 달라 보입니다. 그는 땅에 꿇어 엎드린 채 얼굴을 무릎과 무릎 사이에 넣고 있었습니다. 그리고 입을 여는 대신 고요한 묵상의 귀를 열어 하나님의 세미한 음성을 기다렸습니다(열왕기상 19:12). "온 땅은 내 앞에서 잠잠하라"는 하나님의 명령(하박국 2:20)을 무겁게 받아들였기 때문일 것입니다.

"하나님께서 지금 한국 교회에 원하시는 것은 교회 성장이 아니라 거룩함을 회복하는 것"이라고 부르짖은 그날의 설교는 대형교회보다는 작고 소박한 교회에, 강력한 음량과 높은 데시벨의

가스펠보다는 세미한 회개와 자복의 목소리에 더 잘 어울리는 것 아닐까?

비록 가짜 박사의 입에서 나온 말이지만 '당신은 누구인가?'라는 물음은 역설적으로 매우 진지합니다. 바로 자기 자신을 향한 물음이 되어야 하기 때문입니다.

가상의 초과실재들이 넘실거리는 시뮐라시옹Simulation(거짓, 가짜, 꾸밈)의 시대…. 오늘 이 땅의 학자와 예술인, 정치인과 종교인들은 이 물음 앞에 소곳이 서야 합니다. 당신은 누구인가?

비록 정치인도 종교인도 학자도 예술인도 못 되지만 나 또한 이 물음 앞에 서지 않을 수 없습니다. "가짜들을 나무라는 너는 과연 누구인가?"

가장 무서운 독

종교계만큼 시기와 질투가 많은 곳이 없고,
신자들만큼 툭하면 삐치고 걸핏하면 토라지는 사람들도
달리 찾아보기 어렵습니다. 다름 아닌 자존심 때문입니다.
그러나 그 썩어빠진 자존심 하나도
해결하지 못하는 신앙을 어찌 신앙이라 이름할 수 있을까?

모든 격정 중에서 가장 추악하고 반사회적인 것이 시기
심이다. _존 스튜어트 밀

총칼로 입은 상처는 치료할 약이 있지만 말로 입은 상처는 무엇으로도 치유하기 어렵습니다. 신발 한 짝을 도둑맞았다고 절도범을 죽여버리지는 않지만, 말 한마디로 자존심에 상처를 입게 되면 총칼이라도 서슴없이 빼어드는 것이 우리네 심사입니다. 재물의 손해보다 자존심의 손상이 더 분하게 여겨지는 법입니다.

자존심은 사람을 사람답게 만들기도 하고, 어떤 경우에는 아주 비인간적으로 만들기도 합니다.

남보다 못하다는 잠재의식이 외부의 자극에 의해 크게 부풀려지면 어떻게 해서든지 그 열등감을 보상할 방법을 찾게 되고, 그 보상의 방법은 대부분의 경우 자학이 아니면 맹렬한 시기와 질투로 나타나게 마련입니다.

맹자는 "시기와 질투는 언제나 남을 쏘려다가 자기 자신을 쏜다"고 말했습니다. 그리스에는 "질투는 자기의 화살로 자신을 죽인다"는 격언이 전해 내려오고 있습니다. 열등감의 한을 시기와 질투로 해소하려는 천박한 자존심을 경계하여 이른 말들입니다.

사람을 사람답게 만드는 자존심은 인간성의 아름다운 덕목일 수 있습니다. 누군가를 사랑하고 또 누군가로부터 사랑을 받고 있는 사람은 그 사랑에서 '인격적인 자존심'을 느끼게 됩니다. 턱없는 우월감으로 변질되지 않는 한, 사랑에서 오는 인격적 자존심은 '사랑과 책임의 인격성'을 더욱 풍성하게 하는 인간관계의 밑거름이 될 수 있습니다.

자기 직업이나 주어진 과업에 충실한 사람은 그 일에 보람을 느끼며 자긍심을 갖습니다. 남의 일을 깔보는 어리석음에 떨어지지만 않는다면, 이 보람과 자긍심은 맡은 바 업무를 더욱 열정적으로 추진하게 하는 '사회적 자존심'이 될 수 있습니다.

마찬가지로, 소속된 단체나 조직에 대한 애정은 그 구성원으로서의 자존심으로 나타납니다. 소속 단체에 대한 배타적이고 맹목적인 의리는 폭력단체나 깡패조직들의 경우처럼 폐쇄적이고 반사회적인 범죄의 형태로 흐를 위험이 크지만, 그런 경우가 아니라면 사회적 자존심은 분명히 삶의 에너지를 증폭시키는 원동력이 될 수 있습니다.

나라와 민족에 대한 사랑은 내 나라의 역사와 내 민족의 문화에 대한 자긍심을 갖게 합니다. 민족적 자존심이 없는 애국·애족은 상상하기 어렵습니다. 옹졸한 국수주의나 자민족 우월주의의 망상에 빠지지만 않는다면, 민족적 자존심은 21세기 세계화의 시대에도 여전히 필요한 덕목으로 남으리라 생각합니다.

이러한 인격적 자존심, 사회적 자존심, 민족적 자존심은 우리 삶의 내용을 더욱 풍요롭게 만드는 소중한 정신적 자산임에 틀림없습니다.

반면에, 사람을 사람답지 못하게 만드는 추하고 천박한 자존심이 있습니다. 우월감에서 오는 교만과 배타의 자만심, 그리고 열등감에서 오는 자학과 질시입니다. 나는 자학과 질시라는 열등감의 정체를 다름 아닌 자존심으로 파악합니다. 열등감은 '상처 입은 자존심의 그림자'에 지나지 않습니다. 우월감이든 열등감이든, 그 뿌리가 자존심에 있다는 점에서는 모두 같습니다.

남의 우월감 때문에 내가 상처를 입을 수 있습니다. 그런데 그 상처는 상대방의 우월감 때문이라기보다는 실은 나 자신의 열등감 때문이라고 보는 것이 옳습니다.

상대방이 아무리 우월감을 드러내며 우쭐댄다 하더라도 그것에 내가 전혀 열등감을 느끼지 않는다면, 상처를 입기는커녕 오히려 우쭐대는 상대방을 섣부른 코미디언처럼 불쌍하게 보아 넘길 수 있습니다. 내가 자존심에 상처를 입는 원인은 상대방에게 있는 것이 아니라 상대방을 아니꼽게 여기는 나 자신의 열등감, 그 왜곡된 자기애 속에 있는 것입니다.

왜곡된 자존심은 자신의 절망적 상황은 참아낼 수 있어도 다른 사람의 희망적 상황은 도무지 견뎌내지 못합니다. 배고픈 것은 참아도 배 아픈 것은 참지 못한다는 서글픈 말처럼, 자신이 잘못되는 것은 그럭저럭 견뎌낼 수 있지만 남이 잘 되는 것은 도저히 눈뜨고 보지 못하는 일그러진 심성입니다. 그 밑바닥에는 물론 뿌리 깊은 열등감이 자리 잡고 있습니다.

우월감이나 열등감은 모두 비교의식에서 나오는 노예근성에 지나지 않습니다. 우월감은 상대방에 대한 비교우위에서 자신의 존재의미를 비로소 확인하는, 주체적이지 못한 '종속적 인격성'의 발로입니다. 탁월한 인격은 다른 사람과의 비교우위를 자랑하지 않습니다. 다만 자신의 주체적 가치를 스스로 추구해나갈 뿐입니다.

열등감이 지닌 인격적 종속성은 그보다 더 옹색합니다. 남과의 비교 때문에 스스로에게 가학하고 남을 물어뜯는, 주체성 없는 정신적 노예에 다름없습니다.

일이나 물건은 비교할 수 있지만 인격이나 삶의 가치는 비교될 수 없습니다. 자신의 인격, 자신의 삶의 가치는 스스로가 주체적으로 정립해가야 합니다.

아이들이 자기 부모에 대해 가장 불만스럽게 여기는 것은 자신을 다른 아이들과 비교해서 꾸중하는 일입니다. 그래서 가출을 하고 마약을 하며 심지어 자살에까지 이릅니다. 인격적 관계에서 비교란 결코 있어서는 안 될 최후의 금기입니다.

예수님은 '세리와 바리새인의 기도'를 비유로 말씀한 적이 있습니다(누가복음 18:10 이하). 교만한 바리새인은 세리에 대한 비교우위에서 자신의 의로움을 찾았고, 세리는 오직 하나님 앞에서 *Coram Deo* 자신의 죄성을 직시했습니다. 세리는 교만한 바리새인을 향해 교만하다는 비판조차 하지 않았습니다. 남을 교만하다고 비난할 수 있을 만큼 자신이 겸손하지 않다는 것을 자각하고 있었기 때문입니다.

남을 교만하다고 비난하는 것은 자기는 겸손하다는 자부심을 전제로 합니다. 그러나 자신의 겸손을 자부하고 있는 것처럼 교만한 마음도 달리 없습니다. 자신의 겸손을 의식하고 있는 한, 그것은 정녕 겸손일 수 없습니다. 참으로 겸손한 사람은 남을 향한 비난을 알지 못합니다. 남과의 비교가 없기 때문입니다. 비교가 없으면 교만도 질투도 있을 턱이 없습니다.

논어에 "군자 주이불비 군이부당君子 周而不比 群而不黨"이라는 말이 있습니다. 군자는 다른 이들과 두루 사귀되 서로 비교하지 않고, 함께 어울리되 파당을 짓지 않는다는 뜻입니다. 다른 사람과의 비교에서 시기와 열등감이 싹트고, 시기와 열등감에서 분노와 한이 솟아나며, 분노와 한은 결국 편을 가르고 파당을 짓는 소인배의 짓거리를 만들어냅니다.

니체는 "분노한 사람만큼 거짓말을 잘하는 사람도 없다"고 말했습니다. 분노의 한풀이가 남을 질시하고 음해하는 거짓 인격을 만들어간다는 지적입니다.

"공기처럼 가볍고 사소한 일도 질투하는 사람에게는 성경의 증거처럼 강력한 확증이 된다." 셰익스피어의《오셀로》에 나오는 대사입니다. 열등감으로 망막이 덮인 사람의 눈에는 모든 것이 자신을 향해 찔러오는 날카로운 화살로만 보이게 마련입니다. 바른 말도 고깝게만 들리고, 옳은 충고도 아니꼽게만 여겨집니다.

《자유론》을 쓴 존 스튜어트 밀은 "모든 격정 중에서 가장 추악하고 반사회적인 것이 시기심"이라고 지적했습니다. 이것은 세속의 불신자들 사이에만 있는 일이 아닙니다. 종교계와 신앙인들의 삶에서도 얼마든지 발견될 수 있는 삶의 진실입니다.

종교계만큼 시기와 질투가 많은 곳이 없고, 신자들만큼 툭하면 삐치고 걸핏하면 토라지는 사람들도 달리 찾아보기 어렵습니다. 다름 아닌 자존심 때문입니다. 그러나 그 썩어빠진 자존심 하나도 해결하지 못하는 신앙을 어찌 신앙이라 이름할 수 있을까?

사도 바울은 "허영에 들떠 서로 노엽게 하거나 서로 질투하지 말라"(갈라디아서 5:26)고 꾸짖었습니다. 불신자나 세속인들을 향한 꾸짖음이 아닙니다. 열심 있다는 신앙인들, 수많은 은사를 자랑하면서도 서로 편을 갈라 질시와 반목을 일삼던 그리스도인들을 향한 질책입니다. 나는 이 질책을 오늘 이 땅의 교회와 신자들을 향한 슬픈 탄식으로 읽습니다.

시기와 질투는 독입니다. 자신과 공동체를 거짓과 파멸의 어두운 수렁으로 빠져들게 하는 치명적인 독입니다. 독 중에서도 아무 치료 방법이 없는, 자신의 인격을 철저히 파탄의 자리로 몰아가는 가장 무서운 맹독입니다.

집으로

신앙공동체라면 마땅히 올곧은 삶의 지혜를 지녀야 하고
그 구성원들 역시 순수하고 진실한 마음을 품어야 합니다.
반듯한 삶의 모범이 없는 지도자, 진실성과 분별력 없는
군중이 모인 공동체 앞에는 슬픈 종말이 기다리고 있을 뿐입니다.

> 두 사람의 개성이 만나는 것은 두 가지 화학물질이 접촉하는 것과 같다. 반응이 있으면 둘 다 변화하기 마련이다. _칼융

 2002년 대종상 시상식에서 3개 부문을 휩쓸며 흥행에 대성공을 거둔 이정향 감독의 영화〈집으로〉는 충청북도 영동군의 평범한 산골 할머니 김을분 씨를 일약 전국적인 인물로 만들었습니다.

 두메산골에 사는 벙어리 외할머니 집에 일곱 살짜리 서울 아이 하나가 도착하면서 시작되는 이 영화는 자신의 몸도 제대로 가누기 힘든 벙어리 할머니와 낯선 시골생활에 짜증을 내고 투정만 부리는 어린 외손자 사이의 갈등으로 이어지다가 점차 서로를 향해 마음을 열어가는 따뜻한 사랑으로 발전합니다. 그러다 마침내 어린 손자는 자기가 할머니를 돌봐야 한다는 어른스런 생각을 하기에까지 이릅니다. 할머니와 손자는 서로를 만나 인격의 깊이를 더해가는 변화를 겪습니다.

 심리학자 칼 융은 "두 사람의 개성이 만나는 것은 두 가지 화학물질이 접촉하는 것과 같다. 반응이 있으면 둘 다 변화하기 마련"이라고 지적했습니다. 뒤틀린 인격도 올곧은 성품을 만나면 감화를 받게 되고, 착한 사람도 사악한 인격을 만나면 비뚤어지기 십상입니다. 하물며 왜곡된 인격과 일그러진 심성이 서로 만나 어울린

다면 그보다 더 끔찍스럽고 불행한 일도 없겠습니다.

폭력과 음란물이 판치는 문화계에 영화 〈집으로〉는 긴 장마 끝 소나기처럼 청량한 감동을 몰고 왔지만, 정작 주인공인 김 할머니는 돈방석에 올라앉았다는 터무니없는 소문 때문에 적잖이 마음고생을 했다고 합니다. 김 할머니의 손녀는 영화제작사 사장에게 이런 내용의 편지를 써 보냈습니다.

"할머니는 영화촬영이 끝나고 많이 슬퍼하셨어요. 영화가 거짓말처럼 엄청나게 흥행되고 관객이 50만이 넘으면서부터 우리 집에 불행이 시작되었습니다. 할머니가 읍내에 내려가면 모두 돈을 얼마나 버셨는지 그 질문뿐이랍니다. 할머니가 대답을 안 하시니까 엄청 많이 받으셨다고 생각들을 하나 봐요. 우린 처음 출연료 이외에는 아무것도 받은 것이 없는데도 말이죠."

"어느 날 둘째 언니가 놀라 뛰어 들어왔습니다. 밖에서 건장한 남자 두 명이 우리 집을 기웃거리고 있는 것을 언니가 본 것이었습니다. 언니가 본 것을 알아채자 냅다 도망을 갔다고 하더라고요. 우리 주변 분들도 이번 영화의 성공으로 우리가 떼돈을 번 줄 아시나 봐요. 우린 영화 흥행과는 무관한 사람들인데…. 결국 우린 집을 떠날 수밖에 없다는 결정을 내렸습니다. 어디로 간다고 이야기하면 또 전 같은 일이 생길까 봐 말씀을 못 드리겠습니다. 할머니가 영화에 출연하시지 않았다면, 우리 집은 넉넉하진 않지만 늘 행복한 집이었는데…. 하지만, 다른 길이 보이지 않네요. 이렇게 살다가는 무슨 일이 날까 두렵기도 하고…. 사장님, 저희 가족에게 제발

평화를 돌려주세요. 영화 안 찍었던 예전으로 돌아가고 싶습니다."

잔잔한 웃음이 있지만 코미디 프로의 폭소처럼 헤프지 않고, 눈물이 있지만 긴 이별 끝 가슴 아릿한 해후邂逅 같은 뜨거움에 목이 메는 이 영화는 다른 것은 몰라도 돈하고는 정말 아무 관계가 없는 소박한 작품입니다. 세트라고 해봐야 기껏해야 시골 언덕에 얼기설기 짠 집 한 채가 고작이었고, 주인공인 할머니와 소년에게 지급된 출연료도 전문 영화배우들의 개런티에 비해 턱없이 적은 액수였습니다.

영화의 내용이나 감동에는 아무 관심이 없고 단지 돈벌이에만 눈이 뒤집힌 세파의 혼탁함 속에서 영화 〈집으로〉의 주인공인 김 할머니는 도리어 '집을 떠나야' 하는 기막힌 아이러니가 생겨나고 말았습니다.

한평생 산골 마을에서 살아온 희수喜壽의 벙어리 할머니가, 태어날 때부터 도시생활만 해온 일곱 살 버릇없는 손자와 만나면서 벌어지는 일들은 무슨 크나큰 사건이 아닙니다. 그저 자질구레한 일상사에 불과하지만, 오늘날의 가족관계에서는 좀처럼 볼 수 없는 정겨움과 삶의 페이소스pathos가 진득이 배어 있습니다.

늙도록 자연친화적 삶만을 살아온 산골 할머니와 도시에서 자란 맑은 동심의 손자가 만나는 설정은 세대의 간극을 뛰어넘는 만남이요, 도시와 농촌의 갈등을 극복한 만남이며, 피자 맛에 길들여진 문명과 뚝배기 맛이 더 친근한 전통 사이의 이질감을 해소하는 만남입니다.

할머니가 끓여 내놓는 닭백숙과 손자가 끼고 앉은 스팸 깡통은 자연과 문명의 길항을, 도시와 농촌 사이의 화해할 수 없는 벽을 실감케 하지만 그것은 마침내 서로를 향한 끈끈한 핏줄의 엉킴으로 해소되고 맙니다.

영화는 할머니를 구박하며 투정을 부리는 손자와 그것을 아무 나무람 없이 받아주는 할머니의 '속없는' 관용을 대립각으로 해서, 무례하기 짝이 없는 현대문명과 그것에 무방비상태인 우리네 전통문화의 숙명적 갈등을 암시하는 한편, 누천년을 두고 흘러온 핏줄의 연대 앞에 이런 대립과 길항은 허무하게 무너져내리고 만다는 희망의 메시지를 전해줍니다. 폐쇄적인 혈연주의를 말하려는 것 같지는 않습니다. 핏줄은 다만 '화해를 위한 가교'라는 사랑의 소도구로 등장할 뿐입니다.

손자는 할머니 곁을 떠나면서 "보고 싶을 때 보내라"며 엉성한 그림엽서 한 장을 할머니에게 건네고, 할머니는 게임기 배터리를 사라며 구겨진 천 원짜리 두 장을 손자의 손에 쥐어줍니다. 이제까지 손자는 돈이 드는 것만을, 할머니는 돈이 들지 않는 것만을 서로에게 요구해왔지만 헤어질 때에는 거꾸로 서로에게 필요한 것을 내어주는 성숙한 배려를 베풉니다.

유태인들이 아끼는 토라의 해석서 미드라쉬는 "야훼 하나님을 섬기는 일은 무엇인가? 그것은 자기 자녀를 바르게 사랑하는 것"이라고 말합니다. "어린아이들을 위해 방 안에서 장난감 기차를 매만지며 삼십 분 이상을 버틸 수 있는 남자는 그가 누구든 결코 악한 인간이 아니다"라는 말도 있습니다.

영화 〈집으로〉에서 벙어리 할머니는 어느 웅변가보다 더 많은 것을 말해주고 있습니다. 요즘에는 한 집에 같이 사는 것이 도리어 이상스럽게 여겨질 정도인 할머니와 손자의 만남은 그동안 까마득히 잊혀졌던 '집'의 의미를 우리들 가슴속에 다시금 강렬하게 되새겨주었습니다.

몇 년 전, 한 대학생이 아버지로부터 명문대학에 진학하지 못했다는 이유로 꾸지람을 듣자 대학교수인 아버지와 학원장인 할머니를 끔찍하게 살해한 사건이 있었습니다. 피붙이의 손에 의해 살해당한 할머니와 아버지는 모두 교육계에서 종사하던 교육전문가들이었습니다.

'제 자식을 어떻게 가르쳤기에…' 하는 탄식이 절로 나오는 한편, 유복한 환경 속에서 외국 유학까지 마친 멀쩡한 대학생이 그 정도의 열등감을 극복하지 못해 패륜극치의 범죄를 저질렀다는 엽기적인 사실이 쉬 믿기지 않았습니다. 어버이의 지혜와 자식의 순수한 심성이 결핍된 가정의 슬픈 종말입니다.

교회 또한 마찬가지가 아닐까. 가정 자체가 하나님을 섬기는 교회 home church요, 교회 자체가 하나님의 자녀들이 연합한 가정 church home이어야 합니다.

선지자 말라기는 "제사장의 입술은 지식을 지켜야 한다"(말라기 2:7)고 권면했습니다. 여기서 지식은 히브리어로 다아트 דעת라고 하는데, 공동번역 성서는 이것을 '인생을 바르게 사는 법'이라고 옮겨 쓰고 있습니다. 곧 '올곧은 삶의 지혜'라는 뜻입니다.

신앙공동체라면 마땅히 올곧은 삶의 지혜를 지녀야 하고 그 구성원들 역시 순수하고 진실한 마음을 품어야 합니다. 반듯한 삶의 모범이 없는 지도자, 진실성과 분별력 없는 군중이 모인 공동체 앞에는 슬픈 종말이 기다리고 있을 뿐입니다.

"어린이가 없는 곳에는 천국도 없다"는 말이 있습니다. 그러나 어른다운 어른이 없는 곳, 지도자다운 지도자가 없는 공동체에서는 올바른 삶의 지혜를 찾을 수 없습니다.

할머니와 손자가 더불어 사는 〈집으로〉 가는 길이야말로 지혜와 사랑이 한데 녹아 아우르는 천국으로 가는 길이 아닐까 생각해봅니다.

일하기 위해 존재하는가,
길을 가기 위해 일하는가

사람은 일을 하며 살아가지만
일을 하기 위해서 존재하는 것은 아닙니다.
사람은 어딘가를 가기 위해서 존재하며,
그 길을 가기 위해 일을 하는 것입니다.

일하기를 싫어하는 사람은 먹지도 말라. _데살로니가후서 3:10

사람을 '호모 파베르Homo Faber'(일하는 존재)라고 합니다. 아무 할 일 없는 사람처럼 보기에 안쓰러운 이도 없습니다. 성경은 "일하기 싫어하는 사람은 먹지도 말라"(데살로니가후서 3:10)고 경고합니다. 불가의 선문禪門에서도 "하루를 일하지 않았으면 하루를 굶어라―日不作―日不食"라고 가르칩니다. '일'은 사람의 존재적 특성입니다.

또한 사람은 '호모 모벤스Homo Mobens'(길을 가는 존재)입니다. 아무 목적지가 없어 보이는 사람도 그때 잠시 머물러 있는 것일 뿐, 실은 어딘가를 향해 무슨 길인가를 가고 있는 중입니다.

성서는 인간을 '본향을 찾아가는 나그네'(히브리서 11:13-14)라고 부릅니다. 불가의 선승들도 서로를 도반道伴이라고 아껴 부르는데, 깨달음의 길을 함께 걷는 동료라는 뜻입니다. 그렇다면 '길' 또한 사람됨의 존재적 특성임에 틀림없습니다.

일과 길은 다 같이 인간의 존재적existential 특성이지만, 모두가 본질적substantial 특성은 아닙니다. 일이 사람의 존재방식이라면 길은 사람의 존재이유요 존재목적입니다. 방식은 본질이 아닙니다. 이유와 목적이 본질입니다. 길이야말로 사람됨의 본질적 특성이라 할 수 있습니다.

일과 길은 글자로는 불과 한 획의 차이 밖에 없지만, 그 품은 뜻은 경우에 따라 크게 어긋날 수 있습니다.

동양사상에서는 일찍부터 우주의 근본이 되는 진리를 도道라고 표현했습니다. '참 삶의 길'이라는 뜻일 것입니다. 한문에서 도道를 명사로 쓰면 '길'이 되지만 동사로 쓰면 언야言也 즉 '말한다'는 뜻이 됩니다. '진리'와 '말'과 '길'이 본시 한 뿌리임을 나타내는 언어적 징표입니다. 걸어야 할 마땅한 길을 가리키는 말이 아니면 진실한 말도 아니요 말의 값어치도 없다는 깨달음입니다.

"태초에 말씀이 계셨다"는 신약성서 요한복음 1장 1절의 옛 번역판은 "태초에 도道가 계시니라"라고 되어 있었습니다. 말씀이라는 뜻의 로고스logos를 길 도道 자로 번역한 것입니다. 한자문화권에 살았던 선인들의 지혜가 돋보이는 번역이었습니다.

사도 요한이 '말씀'이라고 고백한 예수님은 스스로를 '길'이라고 선언했습니다. "내가 곧 길이요 진리요 생명이다"(요한복음 14:6). 말씀인 그리스도가 길이요 진리라면, 여기서도 '진리'와 '말'과 '길'이 하나로 만나고 있음을 봅니다. 길은 곧 진리입니다.

"존재는 본질에 우선한다 l'existence précède l'essence"는 큰 소리로 실존주의의 대명사가 된 사르트르와는 달리 성서는 하나님의 형상 *Imago Dei*(창세기 1:26)이라는 본질이 흙과 호흡(창세기 2:7)이라는 인간의 존재방식보다 우선한다고 선언합니다. 하나님의 형상은 인간이 지향해야 할 길이요 존재목적이며, 호흡과 흙은 단지 일이요 존재방식인 셈입니다.

사람은 일을 하며 살아가지만 일을 하기 위해서 존재하는 것은 아닙니다. 사람은 어딘가를 가기 위해서 존재하며, 그 길을 가기 위해 일을 하는 것입니다.

길에다 일을 맞춰야 합니다. 일에다 길을 맞출 수는 없습니다. 일에다 길을 맞추다가는 길을 굽게 하거나 그르치기 십상입니다. 침대를 사람의 몸에 맞춰야지, 프로크루스테스의 침대처럼 사람의 몸을 침대에 맞추어 자르거나 늘일 수는 없는 노릇입니다.

이제까지 한국 교회 안에는 사회봉사와 구호사역과 선교사 파송 등 많은 '일'들이 있었고, 오늘날에는 교회의 개척이나 청소년 중심의 '찬양과 경배' 같은 행사에 너도나도 앞을 다투어 나서고 있습니다. 이런 저런 많은 성과들이 있었다는 주장에 이의를 달 생각은 없습니다.

그러나 한편으로는, 오른손이 하는 것을 왼손이 알지 못하게 하는 일(마태복음 6:3)보다는 보란 듯이 드러내놓고 나팔을 불어대며 하는 일(마태복음 6:2)을 훨씬 더 좋아하는 것이 아닌가 하는 의문이 듭니다. 선교활동이나 교회개척마저도 가난하고 소외된 자리는 애써 외면한 채 변화하고 화려한 자리를 찾아 조급히 양적 성과를 올리기에 급급한 것은 아닌지….

예수님은 "모든 사람이 칭찬하는 일에는 반드시 화가 있을 것"

(누가복음 6:26)이라고 말씀했습니다. 많은 사람들 앞에 "우리도 이런저런 일을 한다"고 자랑스럽게 내어놓을 수 있는 일들은 대부분 바른 길을 벗어난 것이요 일을 위한 일에 지나지 않는다는 주장을, 돌을 맞더라도 일단 해두겠습니다.

무슨 일을 추진할 때, 사업의 외형적 성과를 챙기기 전에 그 일이 과연 길과 목적에 합당한지를 먼저 검토해보자고 제안하면 흔히 반대를 위한 반대라느니 이상에 치우쳐 일을 그르친다느니 하는 비난을 듣기 일쑤입니다. 그러나 그런 비난이야말로 일을 위한 일에 집착하는 것이요 일에 치우쳐 길을 그르치는 것입니다. 길에 대한 방향감각 없이 그저 성취의 자랑과 수량적 업적주의에 눈이 멀어 엉뚱한 길로 치닫는 어리석음으로밖에는 달리 보이지 않습니다. 반대를 위한 반대라고 상대를 몰아치기 전에 먼저 '길을 위한 일'인가 아니면 '일을 위한 일'인가를 정직하게 돌아볼 줄 알았으면 합니다.

교황 요한 바오로 2세만큼 전 세계에 수많은 사죄를 하며 돌아다닌 인물도 없으리라고 봅니다. 중동에 가서는 십자군전쟁의 만행에 대하여, 그리스에 가서는 동방교회와의 갈등에 대하여, 이스라엘에 가서는 아우슈비츠의 비극을 외면한 데 대하여, 그리고 세계와 역사 앞에서는 지동설에 대한 탄압을 비롯, 무수한 마녀사냥식 종교재판의 잔혹상에 대하여 교황은 마침내 참회의 머리를 깊숙이 조아리지 않으면 안 되었습니다.

물론 교황의 참회가 정직한 반성 때문이라고 믿지만, 신성한 교황의 권위를 내세워 일체의 반대를 침묵시키며 힘으로 몰아붙였던 그 지엄한 일들이 실상은 모두 신앙의 바른 '길'을 벗어난, 잘못된 종교적 '일'들에 지나지 않았음을 더 이상 부인하기 어려웠기 때문은 아닐까.

조심스럽게 고백하거니와, 진정한 신앙의 길은 그리스도의 인격을 통하여 '신의 성품에 참예하는 것'이며(베드로후서 1:4), 무엇보다도 '먼저 하나님의 나라와 그의 의를 구하는' 구도의 길일 것입니다(마태복음 6:33). 신앙의 모든 일들은 이 길을 벗어날 수 없습니다. 이 길을 벗어난 일은 신앙의 일이 아닙니다.

남들이 무슨 일을 한다고 해서, 다른 교회들이 어떤 사업을 한다고 해서, 바른 길에 대한 성찰 없이 그저 남들이 하는 일을 그대로 따라만 한다면 그것은 세속의 풍조를 좇는 유행의 경박함이요(로마서 12:2), 하나님의 일이 아니라 사람의 일(마태복음 16:23)에 열심인 도로徒勞에 불과할 따름입니다.

일이나 사업 자체가 중요한 것이 아닙니다. 비록 힘이 들고 시간이 걸리더라도 길에 합당한 일을 찾아서 길에 걸맞은 방법으로 해 나가야 합니다. 그 수고를 아끼지 않는다면, 확신컨대 길이신 그리스도의 인도하심을 곧 체험하게 될 것입니다. 이 체험은 우리의 일상에서 늘 확인되고 있으며, 우리의 눈으로 분명히 보고 있는 사실입니다. 나는 이것이 믿음의 길이라 믿습니다.

일과 길 - 글자 한 획의 차이가 방법과 목적을, 유행과 본질을,

그리고 믿음과 불신앙을 갈라놓습니다. 오늘 우리는 길을 위해서 일을 찾고 있는가, 아니면 일에 치우쳐 길을 굽게 하고 있는가?

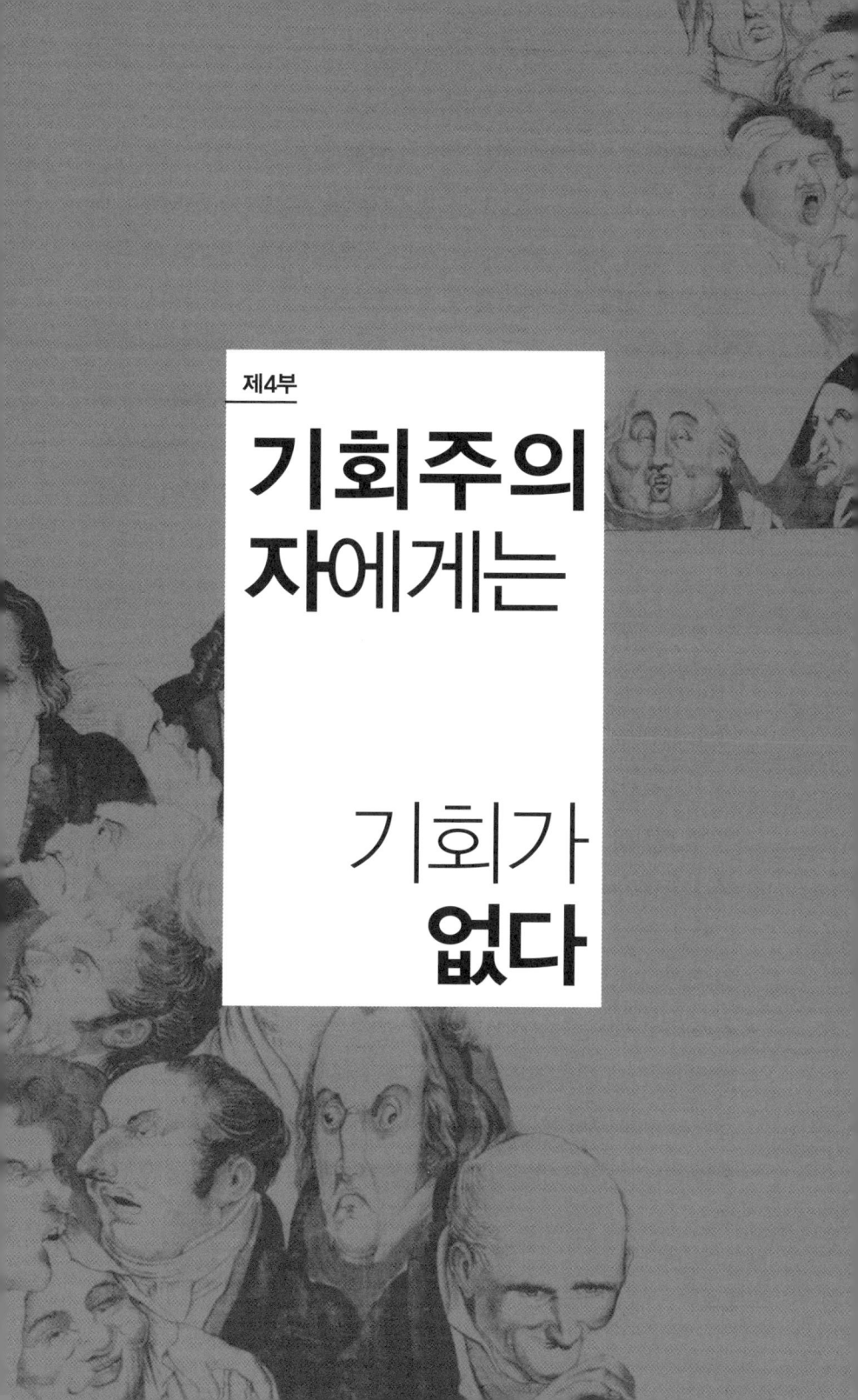

제4부

기회주의자에게는 기회가 없다

데드 포인트

삶의 데드 포인트를 어떻게 슬기롭게 넘어가느냐 하는 것은
매우 중요한 문제입니다. 인생의 데드 포인트에서
낙오하고 말 것이냐, 아니면 그 말할 수 없는 고통의 순간을
온 몸으로 견뎌내며 목표를 향해 중단 없이 달려갈 것이냐 하는
기로가 이 데드 포인트에 걸려 있습니다.

> 이 세계는 고통받는 사람들로 인해서 더욱 진보되어왔다. _톨스토이

마라톤 경기용어 중에 데드 포인트dead point라는 것이 있습니다. 달리고 달리다가 숨이 막히고 온 몸이 조여들어 더 이상 달리기 어려운 고통의 순간을 가리키는 말입니다. 보통 41.195킬로미터쯤 되는 지점이 데드 포인트라고 알려져 있습니다.

웬만큼 훈련된 사람이 아니면 이 데드 포인트에서 거의 모두 달리기를 포기하게 된다고 합니다. 더 달리다가는 곧 숨이 넘어갈 것 같은 위기감을 본능적으로 느끼기 때문입니다. 이 데드 포인트를 얼마나 잘 견뎌내느냐 하는 것이 마라톤 선수들에게는 매우 중요한 훈련입니다. 그냥 달리기만 하면 되는 것이 아닙니다. 데드 포인트를 어떻게 넘어가느냐 하는 것은 몸의 문제만이 아닙니다. 그것은 정신과 마음의 문제이기도 합니다.

그런데 데드 포인트를 지나면 몸이 다시 원기를 얻은 것처럼 거뜬해지고 마음이 호수처럼 편안해진다고 합니다. 기적 같은 순간이요 거짓말 같은 변화입니다. 바로 이 변화의 순간이 기록을 단축시킬 수 있는 절호의 기회로 인식되고 있습니다. 데드 포인트, 즉 절망의 순간이 지난 후에 리빙 포인트living point, 곧 생명의 시간

이 찾아온다는 것입니다. 이 리빙 포인트를 잘 활용할 줄 아는 선수가 뛰어난 선수입니다.

데드 포인트는 마라톤 경기에만 있지 않습니다. 학업에도, 직장생활에도 그리고 인생 자체에도 언젠가는 데드 포인트가 찾아오기 마련입니다.

적지 않은 학생들이 학업의 어려움을 이기지 못하고 중도에 포기하곤 합니다. 학업의 어려운 점은, 학업의 필요성을 스스로 깨달을 만한 나이에는 이미 기회가 사라지고 없다는 점입니다. 공부는 그 필요를 느끼지 못하는 어린 나이에 할 수밖에 없습니다. 그래서 많은 사람들이 철이 다 든 뒤에 학창시절의 게으름을 한탄하곤 합니다.

오늘날 적지 않은 직업인들이 직장생활의 어려움 때문에 이곳저곳을 옮겨 다닙니다. 딱히 여기다 싶을 만큼 이상적인 직장이란 그리 흔치 않은 법인데도, 당장 힘들고 불편한 것을 견뎌내지 못해서 부잣집 아들 신용카드 긁어대듯 사표를 마구 써 갈기곤 합니다.

신앙인들 역시 삶의 역경 앞에서 힘없이 무너져 내리는 경우가 적지 않습니다. 신앙이란 바로 그처럼 고되고 어려운 삶의 고비 고비들을 확고한 영적 소망으로 이겨내는 데에 그 본체가 있는 것일 터인데도, 우리네 신앙은 어찌된 일인지 마치 비닐 하우스 안에서 곱게 자라다가 찢어진 구멍으로 몰아쳐 들어오는 바람을 주체하지 못해 꺾이고 마는 여린 화초처럼, 조그만 어려움 앞에서도 금세 힘을 잃어버리고 맙니다.

삶의 데드 포인트를 어떻게 슬기롭게 넘어가느냐 하는 것은 매우 중요한 문제입니다. 인생의 데드 포인트에서 낙오하고 말 것이냐, 아니면 그 말할 수 없는 고통의 순간을 온 몸으로 견뎌내며 목표를 향해 중단 없이 달려갈 것이냐 하는 기로가 이 데드 포인트에 걸려 있습니다.

그것은 체력만으로 해결될 수 있는 문제가 아닙니다. 그것은 또한 마음의 문제요 정신의 문제겠습니다. 단순한 인내심을 말하는 것이 아닙니다. 목표에 대한 확신과 그 확신을 위해 희생을 결단할 수 있는 용기, 그리고 결단을 실행에 옮길 수 있는 의지와 성실성을 필요로 하는 것입니다.

사도 바울은 이렇게 고백했습니다. "형제들이여, 나는 아직 내가 잡은 줄로 여기지 않고 오직 한 일, 즉 뒤에 있는 것은 잊어버리고 앞에 있는 것을 잡으려고 푯대를 향하여 그리스도 예수 안에서 하나님이 위에서 부르신 부름의 상을 위하여 달려갈 뿐입니다"(빌립보서 3:13-14).

바울의 삶에도 여러 번의 데드 포인트가 있었습니다. 유태인들로부터 서른아홉 대의 매를 다섯 번이나 맞고, 세 번 채찍으로 맞고, 한 번 돌로 맞고, 배가 파선을 당한 것이 세 번이요, 하루 밤낮을 꼬박 망망한 바다에서 헤맸으며, 여행하는 동안 자주 강과 강도와 동족과 이방인과 도시와 광야와 바다와 거짓 형제자매의 위험을 당했을 뿐 아니라 수고와 고역에 시달리고 여러 번 밤을 지새웠으며, 주리고 목마르며 여러 번 굶고 추위에 떨고 헐벗었던 것이 그의 일생이었습니다(고린도후서 11:25). 사도로 하여금 저 엄혹하기 이를 데 없는 데드 포인트를 거뜬히 통과해 나올 수 있게 한 것은 그가 붙잡으려고 애썼던 목표, 그것에 대한 움직일 수 없는 확신이었음에 틀림없습니다.

예수님도 십자가 앞에서 "아버지여, 하실 수만 있으시면 이 잔을 내게서 지나가게 해주십시오"(마태복음 26:39)라고 기도했을 만큼 절대절명의 데드 포인트를 경험했습니다. 그러나 그는 묵묵히 십자가를 짐으로써 이 데드 포인트를 생명의 순간으로, 리빙 포인트로, 영원한 부활로 바꾼 것입니다.

일찍이 톨스토이는 "이 세계는 고통받는 사람들로 인해서 더욱 진보되어왔다"고 말했습니다. 데드 포인트를 통과한 사람들 덕분에 역사가 진보해왔다고 하는 말일 것입니다.

구약의 선지자 스가랴는 "어두워갈 때에 밝은 빛이 있으리라"(스가랴 14:7)고 예언했습니다. 데드 포인트가 지나간 후에 리빙 포인트가 다가올 것입니다. 어두움이 깊어갈 때에 하나님이 예비하신 생명의 빛이 나타날 것입니다. 고통의 데드 포인트는 곧 소망의 리빙 포인트로 직결되는 자리입니다.

아마 우리는 지금 데드 포인트에서 방황하며 절망하고 있을지도 모릅니다. 아니면 앞으로 곧 데드 포인트가 우리 앞에 덮쳐올지도 모를 일입니다. 그렇다면, 바로 지금이 리빙 포인트라고 할 수 있습니다. 더욱 분발하고, 더 확실한 소망을 붙들어야 할 때입니다.

그 데드 포인트가 지나가면 곧 생명의 순간, 리빙 포인트가 환하게 열릴 것이라 믿기에.

당당히
맞서 싸워야 할 3T

나를 포함한 기성세대에는 더 이상
기대할 것이 없어 보이는 터에, 저 싱싱한 젊은이들이
이제부터 어려운 시험test으로 시작해서 모진 시련trial을 거쳐
달콤한 유혹temptation의 마지막 언덕까지 넘어야 하는
3T의 역경은 생각만 해도 벌써 안쓰러워집니다.

> 돈은 좋은 하인도 만들고 나쁜 주인도 만든다. _프란시스 베이컨

법조인들만큼 시험지옥을 톡톡히 겪어온 직업인도 드뭅니다. 각급 학교의 입학시험이나 졸업시험이야 누군들 거치지 않았으랴만, 1·2·3차에 이르는 사법시험을 통과한 후에도 다시 사법연수원의 중간시험과 수료시험 등 인생의 진로를 결정하는 여러 과정을 거쳐야만 비로소 법률가의 자격을 얻습니다.

사법연수원에서 근무할 때, 이미 사법시험에 합격한 연수생들이 또다시 시험공부에 매달려 고생하는 모습을 보고 연수원 교수들에게 시험문제를 좀 쉽게 내주라고 당부한 적도 있었지만, 연수생들의 고생을 경감시키는 데는 역부족이었던 경험이 있습니다. 문제가 쉽고 어렵고를 떠나 자신들의 앞길을 좌우하는 시험 관문을 소홀히 여길 연수생들이 아니었습니다. 시험은 법조인들의 운명이나 다름없습니다.

비단 법조인만이 아닙니다. 어떤 일자리든 그것을 얻기 위한 테스트의 과정을 거치지 않으면 안 됩니다. 각종 공무원시험이나 의·약사 자격시험, 석·박사 학위취득시험 등은 매우 어려운 테스트로 꼽힙니다. 정치인으로 성공하기 위해서는 선거라는 시험을

4년 혹은 5년마다 치러내야 합니다.

웬만한 직업을 얻으려면 외국어능력테스트 하나 정도는 거쳐야 하고, 자동차운전을 하려 해도 운전면허시험을 통과해야 합니다. 취업이 어려워진 이즈음에는 대부분의 기업들이 엄격한 전형과정을 두고 있습니다. 책상에 앉아 제한된 시간 안에 문제를 풀어 종이 답안지에 써내는 식은 아니더라도, 하다못해 면접시험이라도 치러야 합니다. 무슨 일이든지 그 나름의 테스트 과정은 있기 마련입니다.

객관적 검증이 어려운 문화예술분야에도 테스트의 과정이 있습니다. 문단에 진출하려면 주요 언론사의 신춘문예나 문예지의 추천을 통과해야 하고, 음악가 미술가 무용가가 되려는 청소년들 앞에도 실기 콩쿠르나 콘테스트의 난관이 기다리고 있습니다.

어려운 테스트를 거쳐 어떤 자격을 얻었다 해도 아직 끝이 아닙니다. 시험 뒤에는 시련이 찾아오는 법, 시험test을 통과하고 나면 시련trial을 만나게 됩니다. 업무를 배우고 익히는 데도 시련이 따르지만, 하나의 직업인으로서 가정이나 동료나 사회와 조화를 이뤄가려면 적지 않은 갈등에 부딪치기 일쑤입니다. 아니, 세상을 등지고 홀로 입산수도하는 자리에도 시련과 역경은 어김없이 찾아듭니다.

어떤 직업이든, 일을 올곧게 처리해나가는 데는 남모르는 고초가 따르기 마련입니다. 동료들로부터 왕따를 당하기도 하고, 속절없이 오해를 받기도 합니다. 시련은 한 인격을 보다 성숙한 차원으로 이끄는 자양분이 되기도 하지만, 때로는 좌절과 실의의 계기가 되기도 합니다. 수많은 인재들이 혹독한 시련 앞에서 실패의 쓴잔을 들이키고 주저앉았습니다. 정치적 탄압, 조직의 압력, 여론의 몰매 같은 사회적 시련도 있고, 병고나 가난 같은 개인적 시련도 있습니다.

시련은 정의와 불의를 가릅니다. 시련이 순교자와 배교자를 갈라놓습니다. 시련이 독립지사와 매국노의 정체를 폭로했으며, 시련이 민주투사와 정치꾼의 실체를 드러냈습니다. 한 인격의 미추美醜도 시련 앞에서 적나라하게 드러날 수밖에 없습니다. 그래서 옳고 그름을 가리는 재판을 영어로 trial이라고 합니다. 시련은 시험보다 더 어렵고 두려운 과정입니다.

안타까운 것은, 어려운 시험을 거뜬히 통과하고 엄혹한 시련을 잘 견뎌낸 이들이 나중에 엉뚱한 유혹에 빠져 그 값진 성취들을 쓰레기더미로 만드는 일이 적지 않다는 점입니다. 시련trial이 직접적인 장애라면, 유혹temptation은 간접적이고 은근한 장애물입니다. 시련이 칼이라면, 유혹은 화려한 독버섯입니다. 칼 앞에서는 경계심을 품지만 향긋한 향, 아름다운 모습 앞에서는 가슴을 풀어헤치게 됩니다.

맨손으로 수백 명의 장병을 때려눕힌 거인 삼손도 미녀 들릴라 한 여인 앞에서 실패했고, 이스라엘 최고의 성군이라는 다윗도 아리따운 여인 밧세바 앞에서 무너졌습니다. 삼손과 다윗은 당시 이스라엘 사회의 검증test을 당당히 통과한 판관判官이요 제왕이었으며 외적의 위협이라는 시련trial을 물리친 위인들이었지만 한 여인의 아름다운 자태temptation 앞에서는 여지없이 허물어지고 말았습니다.

"돈은 좋은 하인도 만들고 나쁜 주인도 만든다Money makes a good servant, but a bad master." 경험주의 철학의 비조鼻祖요 《정의론A Theory of Justice》과 《신기관》 등을 저술한 프란시스 베이컨의 말입니다. 베이컨은 대영제국의 귀족원 의장을 겸임하는 최고위 대법관과 국새상서國璽尙書를 지낸 뒤에 수뢰죄로 수감되었습니다. 정치적 음모라는 설도 있으나, 본인은 혐의를 변명하지 않았습니다.

베이컨은 이런 말도 했다고 합니다. "부를 경멸하는 것은 부자가 될 자신이 없기 때문이다." 베이컨이 부자가 될 자신이 있었는지는 몰라도, 끝내 공직자의 명예를 회복하지 못한 채 야인野人으로 죽어 그나마 철학자의 이름을 후세에 남겼습니다.

부와 명예, 권력과 쾌락은 어느 누구도 가리지 않고 강력한 유혹의 향기를 뿜어댑니다. 저잣거리의 장삼이사張三李四는 말할 것도 없고 정치인, 기업인, 연예인, 법조인, 교육자, 심지어 세속의 유혹을 초개처럼 여길 터인 문화예술인과 종교인들마저도 그 앞에서 뒤뚱거리는 모습이 전혀 낯설어 보이지 않습니다.

귓속말로 "가장 좋아하는 것이 뭐냐?"고 물으면, 아마 대부분의 사람들이 나지막한 목소리로 '돈'이라는 대답을 내놓지 않을까. 그들이 솔직하다면 말입니다. 남몰래 향락의 침상을 뒹굴다가 나락으로 떨어진 저명인사도 하나 둘이 아닙니다.

"장관이 얼마나 좋은 자린데…." 대통령 선거를 앞두고 부산의 무슨 복집에선가 전직 법무부장관이라는 사람이 "우리가 남이가?"라며 노골적으로 지역감정을 부추기다가 불쑥 내뱉은 소리입니다. 장관이 얼마나 좋은 자리인지는 몰라도, 권력과 명예가 오죽이나 좋았으면 법치국가의 법집행을 맡았던 사람이 법을 짓밟는 말을 거침없이 쏟아냈을까.

수많은 젊은이들이 취업의 관문을 뚫기 위해 어려움을 겪고 있는 시절입니다. 나를 포함한 기성세대에는 더 이상 기대할 것이 없어 보이는 터에, 저 싱싱한 젊은이들이 이제부터 어려운 시험test으로 시작해서 모진 시련trial을 거쳐 달콤한 유혹temptation의 마지막 언덕까지 넘어야 하는 3T의 역경은 생각만 해도 벌써 안쓰러워집니다.

아직 일자리를 얻지 못하여 취업시험test 준비에 여념이 없는 청년들에게 trial과 temptation을 말하는 것은 너무 성급하기도 하려니와 잔인하게까지 느껴질 수도 있지만, 어차피 그들은 시련을 겪는 중입니다. 시험준비 자체가 곧 시련이요, test의 단계가 이미 trial의 시기인 셈입니다. 그 시련이 주는 현실적·심리적인 상처는 자못 깊습니다. 미취업 청년들에 대한 사려 깊은 정책이 절실히 요청되는 이유입니다.

이 시대의 젊은이들이여, test와 trial과 temptation의 3T 앞에 무릎 꿇지 말고 당당하게 맞서 마침내 값진 승리에 도달하기를….

존엄사는
존엄한 생으로부터

품위 있는 죽음은 품위 있는 삶에서,
존엄사는 존엄한 생으로부터 나옵니다.
존엄사라는 용어를 내가 마뜩찮게 여기는 이유입니다.

> 어떤 결정이든 그것은 환자가 진정으로 말기 상태에 있
> 는지 아닌지에 따라 내려져야 한다. _스캇 펙_

불볕더위 속에 만물의 생명력이 최고조에 이른 이 계절, 뜻밖에도 우리사회의 화젯거리는 단연 '죽음'입니다.

얼마 전 대법원이 "회복불가능한 말기환자에게서 생명연장장치인 인공호흡기를 제거해도 좋다"는 취지의 판결을 내린 뒤 '의학적으로 무의미한 생명연장치료를 중단'하는 이른바 존엄사에 관한 논의가 한창입니다. 지난 봄 천주교의 김수환 추기경이 87세로 선종善終했을 때 고인을 기리는 추모 행렬이 쌀쌀한 날씨에 아랑곳없이 거리를 가득 메웠었는데, 마침 당시 북한에서는 심각한 경제난에도 불구하고 '위대한 장군님'의 67세 생일을 경축하는 호화판 퍼레이드가 벌어졌다고 합니다. 한쪽은 청빈했던 성직자의 죽음을 안타까워하는 추모행렬이요 다른 한쪽은 절대세습권력자의 생일을 축하하는 행진이니, 참 묘한 대조가 아닐 수 없습니다.

호흡곤란증세로 한때 인공호흡기를 사용하기도 했던 김 추기경은 임종이 다가오자 무의미한 생명연장치료를 반대한다는 뜻을 분명히 밝혔다고 합니다. 의학적으로 소생이 불가능하다고 판정되는 뇌사(뇌간의 기능 정지) 혹은 식물인간(대뇌의 전반적 손상) 상태의

환자에 대해 영양공급이나 약물투여 등 적극적인 연명치료를 중단하고 자연적인 병사病死에 이르도록 하는 것을 존엄사 또는 품위 있는 죽음death with dignity이라고 부릅니다.

존엄사를 좁게 보면 인공호흡기 등 기계적 생명연장장치를 제거하는 것을 말하지만, 넓게 보면 생존에 필수적인 물이나 수액 및 기본영양분의 공급중단, 그리고 더 나아가 심폐소생술의 시행이나 진통제의 투약 등 기초적 치료행위의 중단 등으로 사망에 이르게 하는 소극적 안락사까지 포함합니다. 그러나 이것은 '생명의 유지'를 전제로 하는 의료행위의 본질에 어긋나는 것이 아닌가 하는 의문이 따릅니다.

대법원은 1997년 인공호흡장치로 연명하던 뇌경막외출혈 환자 가족들의 강력한 요구에 따라 의사가 퇴원을 허락하자 인턴이 환자 퇴원을 위해 인공호흡기 및 인공호흡 보조장치를 제거하여 환자로 하여금 퇴원 후 집에서 사망에 이르게 한 보라매병원 사건에서 의사에게 살인방조의 유죄판결을 확정한 바 있습니다.

일본에서는 소생의 가망도 없고 더 이상 고통을 참을 수도 없어 스스로 죽음을 희망하는 환자에 대한 소극적 안락사를 관행적으로 묵인해오고 있지만, 법적으로까지 허용하고 있는 것은 아닙니다.

더욱이 자연적인 병사 이전에 약물주사나 극약투여 등 인위적인 방법으로 생명을 단축시키는 적극적 안락사는 어떤 경우에도 허용되지 않습니다. 환자 본인이 마지막 스위치를 눌러 스스로 죽음에 이를 수 있도록 한 '자살장치'라는 것을 만들어 '죽음의 의사'라는 별명을 얻게 된 미국 의사 케보키언은 자신이 직접 루게릭 환자에게 치사량의 독극물을 주사하여 사망케 한 다음, 이 과정을 촬영한 비디오 테이프를 CNN 방송을 통해 내보냈다가 2급살인죄로 기소되어 최장 25년의 징역형을 선고받았습니다.

네덜란드는 예외인데, 2001년 극심한 고통을 겪는 불치의 환자가 이성적 판단으로 동의하는 것을 조건으로 적극적 안락사까지 허용하는 법률을 제정했습니다. 벨기에와 스위스 등이 이를 따르고 있으나 아직은 소수 국가에 한정된 일입니다.

그에 비해 소극적 안락사는 대체로 허용해야 한다는 분위기이지만, 그것도 아무 때나 쉽게 인정할 수 있는 것은 아닙니다. 약물중독으로 혼수상태에 빠졌다가 식물인간상태에서 인공호흡기로 연명하던 21세의 미국 처녀 캐런 퀸란의 부모는 수개월간의 법정투쟁 끝에 법원의 허가를 받아 딸의 인공호흡기를 제거했으나, 퀸란은 그 후에도 9년이나 더 살아 있다가 폐렴으로 사망했습니다. 현대의학으로도 생사를 미리 정확하게 예측할 수 없다는 것을 단적으로 나타내준 예입니다.

대법원판결에 따라 우리나라에서 최초로 인공호흡기를 제거한 77세의 환자가 3시간 내에 사망할 것이라던 당초의 예상을 뒤엎고 수일간이나 자발적 호흡의 생존상태를 유지해오는 현상도 마찬가지입니다.

자발적 호흡은 모든 생명현상의 가장 뚜렷한 징표입니다. 예로부터 '숨이 멎는 것'을 죽음으로 여겼습니다. 자발호흡의 가능 여부에 대한 의학적 진단이 이처럼 모호하고 불확실하다는 사실의 확인은 존엄사의 요건과 관련하여 매우 어려운 숙제를 남겼습니다.

스물두 살의 프랑스 청년 왕베르는 교통사고로 전신이 마비되어 스스로 숨을 쉬지 못할 뿐 아니라 보지도 못하고 말도 할 수 없게 된 상태에서 단지 오른손 엄지손가락 하나만으로 어머니와 간신히 의사소통을 할 수 있었습니다. 왕베르 어머니의 부탁으로 환자의 상태를 진단한 소생 전문의사 쇼수아는 건강회복이 불가능하다고 판단하고 인공호흡기를 제거한 뒤 다량의 염화칼륨을 주사하여 그를 죽음으로 이끌었습니다.

쇼수아가 살인죄로 기소되자 여론은 들끓었고, 법원은 유무죄를 가리지 않은 채 어정쩡한 면소免訴 판결로 사건을 마무리 짓고 말았습니다. 그 후 프랑스의회는 엄격한 조건 아래 존엄사를 허용하는 '인생의 종말에 관한 법'을 제정했고, 쇼수아가 쓴 책《나는 살인자가 아니다*Je ne suis pas un assassin*》는 세계적 베스트셀러가 되었습니다.

인간의 생명은 의학적으로는 자연상태의 생물학적 현상이지만, 사회적으로는 인격의 주체이고 종교적으로는 하나의 영적 실존입니다. 의학은 생명을 자연적 생리의 문제로 다루는 데 반해 법률은 사회적 인격체로 보고 종교는 신 앞에 선 실존으로 봅니다. 의학과 법률과 종교가 생명을 바라보는 눈이 서로 다를 수밖에 없는 이유입니다.

그래서 각국의 생명에 관한 법규범도 법의식法意識에 따라 다릅니다. 태아의 법률적 지위, 낙태행위의 성격, 자살의 법적 판단, 사형제도의 존폐 등이 모두 생명에 관한 법의식에서 나오는 문제들입니다. 법률이 보는 생명은 생물학적 관찰의 대상이나 생리적 치료의 객체가 아니라, 하나의 규범적 실체이며 인격적 주체입니다. 헌법은 그것을 '인간의 존엄과 가치'(헌법 제10조)라고 표현하고 있습니다.

'의학적으로 연명치료가 무의미한 생명'이라 해서 법률적으로도 꼭 무의미한 것은 아닙니다. 생명가치를 절대시하는 종교의 차원에서는 더욱 그렇습니다.

무의미한 생명연장이라는 의학적 판단은 생명을 상대적으로 볼 때 나올 수 있는 견해입니다. 생명연장치료가 생명의 양에 관한 문제라면, 품위 있는 죽음은 생명의 질에 관한 문제입니다. 법률은 종교에서처럼 생명을 절대시하지는 않지만 '인간의 존엄과 가치'를 법규범의 최고가치로 삼는 한, 생명의 법률적 의미는 생물학적 차원의 상대적 가치에 그칠 수 없습니다. 존엄사의 문제에 있어서 의학적 판단 외에 환자 본인의 의사가 중시되는 것은 바로 그런 이유에서입니다.

죽음은 삶과 단절된 것이 아닙니다. 죽음은 삶에 연속된 것이며, 죽음의 의미와 내용은 삶의 의미와 내용에 따라 결정됩니다. '인공호흡기 부착 여부'라는 의학적·생리적 상태만이 죽음의 품위를 결정하는 것은 아닙니다. 고인의 삶이 역사와 공동체와 타인에게 어떤 의미를 주고 있는가에 따라 죽음의 품위는 결정됩니다.

고결한 삶을 살아온 사람이 인공호흡기를 물고 마지막 생명의 호흡을 겨우겨우 이어가고 있다거나 혹은 극렬한 고통 속에서 신의 마지막 음성을 기다리며 기약 없이 누워 있다고 해서 그 생명을 무의미·무가치하다고 단정할 수 없습니다. 또한 야비하고 천박하게 삶을 살아온 사람이 인공호흡기 없이 스스로 숨을 거두었다고 해서 그 죽음이 품위 있게 되는 것도 아닙니다. 죽음 자체의 모습이 죽음의 품위를 결정하지 않습니다.

나무에 달려 치욕 속에서 죽어간(신명기 21:22) 예수를 성서는 구세주인 그리스도라고 선포합니다(사도행전 18:5). 십자가에서 처형된 예수의 치욕적인 죽음처럼 품위 있는 죽음도 없습니다. 끔찍한 사형대의 형틀이 그 죽음의 품위를 훼절하지 못했습니다.

존엄사를 허용한 판결은 '행복하게 살 권리'만큼 '품위 있게 죽을 권리'도 인정해야 한다고 판시했습니다. '행복한 삶'과 '품위 있는 죽음'을 대비시킨 것인데, 그보다는 '품위 있는 삶'과 '품위 있는 죽음'을 대비시키는 것이 더 바람직하지 않을까. 진정한 품위는 행복에서 나오지 않고 오히려 행복을 포기한 자리에서 나오는 것이기에 하는 말입니다. 품위 있는 죽음은 품위 있는 삶에서, 존엄사는 존엄한 생으로부터 나옵니다. 존엄사라는 용어를 내가 마뜩찮게 여기는 이유입니다.

고 김수환 추기경은 정치적으로 엄혹하고 사회적으로 적막했던 저 격동의 시절, 개인적 행복을 꿈꾸지 않고 사회와 이웃을 위해 용기 있는 삶, 품위 있는 삶, 존엄한 헌신의 삶을 살았습니다. 한때 고인의 든든한 지원을 받고 힘을 얻었던 일부 운동권은 그분을 가리켜 배신자니 수구꼴통이나 하며 비난하고 나섰지만, 그분만큼 품위 있는 삶을 살면서 우리의 역사발전에 크게 기여한 인물도 흔치 않을 것입니다.

그분의 품위 있는 삶이 그의 죽음을 존엄사로, 품위 있는 죽음으로 만들었습니다. 만약 그분이 아직도 입에 인공호흡기를 물고 의식 없이 병상에 누워 있다 하더라도, 혹은 신의 뜻을 물으며 극심한 고통을 오직 기도로써 참아내고 있다 하더라도, 나는 그가 맞게 될 죽음이 품위 없을 것이라고는 감히 말하지 못하겠습니다. 품위 있는 죽음은 품위 있는 삶에서, 존엄사는 존엄한 생에서 나오는 것이기에.

우리들의 천국,
또 다른 이어도

무엇보다도 이청준은 겸손하고
성실했습니다. 삶과 죽음 앞에 진실했고,
사회와 현실 앞에 정직했으며,
가치와 이상 앞에서 늘 진지했습니다.

> 천국은 그것을 이룩하고자 하는 사람들이 그것을 완벽
> 하게 만들어갈수록 그것을 살아야 하는 사람들에게는
> 오히려 숨 막히는 지옥이 되어버릴 수도 있을 것입니다.
> _이청준

"긴긴 세월 동안 섬은 늘 거기 있어왔다. 그러나 섬을 본 사람은 아무도 없었다. 섬을 본 사람은 모두가 섬으로 가버렸기 때문이다. 아무도 다시 섬을 떠나 돌아온 사람이 없었기 때문이다…."

어느 오래된 신화처럼 익숙한 듯하면서 또 낯설기도 한 미백未白 이청준의 중편《이어도》의 첫 문장입니다. 이청준의 수많은 작품 중에서도 나는《이어도》를 단연 압권으로 꼽습니다. 문외한의 권위 없는 논평이지만, 내게는 무슨 신념처럼 두터운 고집입니다. 슬픔의 미학으로는《눈길》이나《축제》에 못 미치고 고뇌와 성찰의 치열함으로는《당신들의 천국》이 더 빼어날지 몰라도, 제주도 구전민요〈이어도 타령〉에서 길어 올린 이어도 이야기는 그 모호한 서두에서부터 내 혼을 쏙 뽑아버립니다. 그 이청준이 안타깝게도 저 세상으로 건너갔습니다. 다시는 돌아올 수 없는 그 이어도로.

"이엿사나 이어도 사나/우리 배는 잘도 간다/솔솔 가는 건 솔남의 배여 잘잘 가는 건 잡남의 배여/어서 가자 어서 어서 목적지에 들여 나가자/우리 인생 한번 죽어지면 다시 전생 못하나니라/원의 아들 원자랑 마라 신의 아들 신자랑 마라/한 베개에 한잠을 자

난 원도 신도 저은 데 없다…."

 바다로 나간 뒤 돌아올 줄 모르는 아버지와 아들, 바다 이편에서는 다시 만날 수 없는 남편 혹은 연인을 서럽게 그리며, 한 서린 노동요 가락에 몸을 싣고 깊은 바다에 뛰어들어 굴과 전복을 캐내던 제주 해녀들은 가고 싶어도 갈 수 없는 가상의 섬, 가기 싫어도 언젠가는 가야 하는 숙명의 섬, 한번 가면 돌아올 수 없는 영겁의 섬을 이어도라 불렀습니다. 그네들에게 이어도는 '있기도 하고 없기도 한' 전설의 섬이었습니다. 2003년 6월 한반도 최남단 마라도 서남쪽 149킬로미터 거리에 있는 파랑도에 해양종합과학기지를 세우면서 이어도라 이름 붙이기 전까지는.

 우리 모두는 누구나 마음속 깊은 곳에 이어도 하나씩을 간직하고 있습니다. 그리스도인들에게는 천국이, 불자들에게는 열반이 이어도라고 말한다면 너무 멀리 나간 말이 될는지 모르지만, 젊은 이들에게는 상흔처럼 박혀 있는 첫사랑의 기억이, 독립투사들에게는 잃어버린 조국의 땅이 각자의 마음속에 이어도로 각인되어 있다고 말한다면 고개를 끄떡이기 그리 어렵지 않을 것입니다.

 일본이 독도를 넘보고 러시아가 두만강을 힐끗거리더니 이번에는 중국이 이어도를 자기네 섬으로 편입시키려는 새로운 동북공정을 꾀하고 있다는 소식이 들려옵니다. 나라 밖 주변 열강 3국이 한반도를 이리저리 떼어먹을 욕심으로 뱀처럼 혀를 날름거리는데, 나라 안에서는 남과 북으로, 동과 서로, 다시 좌와 우로 갈라져 쌈박질만 한창이니 이렇게 답답할 노릇이 없습니다. 외침外侵을 눈앞에 두고도 사색당쟁에만 골몰하다가 나라를 결딴냈던 옛일이 새삼 상기되어 두렵습니다.

이청준의 생전에는 별 말이 없던 중국이 그가 세상을 뜨자마자 이어도 야욕을 노골적으로 드러낸 것은 퍽 시사적입니다. 그러나 제주 해녀들의 가슴속에 시퍼렇게 살아 있는 숙명의 섬, 그 영겁의 전설을 중국이 제대로 알 턱이 없습니다. 제주섬의 〈이어도 타령〉과 이청준의 소설 《이어도》만으로도 중국의 헛꿈은 금방 깨져버릴 터입니다. 이청준이 건너가 떡 버티고 있을 그 이어도를 아무리 힘 센 중국인들 무슨 수로 가로챌 수 있겠는가.

이제는 말할 수 있습니다. 그가 떠난 지금, 나는 "이청준이 으뜸이다!"라고 거침없이 말할 수 있습니다. 박완서도 뛰어나지만, 생존인물이기에 언급을 삼가렵니다. 한국문학의 고금을 통틀어 미백만 한 작가를 찾아보기 쉽지 않습니다.

노벨상이 강대국의 정치적 입김에 휘둘리곤 한다는 지적은 오래 전부터 있어왔는데, 노벨문학상도 예외가 아니어서 별반 가치도 없는 작품에 상이 주어지는가 하면 마땅히 받아야 할 작가가 소외되는 일도 허다했습니다. 약소국인 그리스의 니코스 카잔차키스 Nikos Kazantzakis나 아일랜드의 제임스 조이스 James Joyce 등이 후자의 대표적 예입니다. 《아웃사이더 The Outsider》라는 베스트셀러를 쓴 영국 작가 콜린 윌슨 Colin Wilson은 "카잔차키스가 그리스인이라는 것은 비극이다. 그의 이름이 카잔초프스키이고 러시아어로 작품을 썼더라면 톨스토이, 도스토예프스키와 어깨를 나란히 할 수 있었을 것을…"이라며 혀를 찼을 정도입니다.

    나는 이청준을 두고도 똑같은 말을 할 수 있습니다. 그가 만일 영국인이었거나 독일어 혹은 프랑스어로 작품을 썼다면, 노벨문학상 심사위원들은 일본의 가와바타 야스나리川端康成와 이청준 사이에서 몹시 고민했을지도 모릅니다(두 사람의 작품활동의 시차를 무시하고 하는 말입니다).

    이청준의 장례식에서 어느 문인은 "고인은 인품이 고매했고, 작가로서 최고였으며, 남도 땅 바닷가 마을에서 태어났으나 세계인이었고, 옛것을 지키고 사랑하며 오늘의 새로움을 알아내는 장인匠人이었다"는 영결사로 슬픔을 달랬고, 한 동료작가는 "인간적으로 나무랄 데 없는 신사였다"며 울먹였습니다. "하늘과 땅이 하도 아득하여 앞이 보이지 않을 때, 제일 먼저 보고 싶은 것의 하나가 이청준의 소설"이라는 어느 평론가의 회고는 아쉬움을 넘어 절박한 안타까움으로 울려옵니다.

    무엇보다도 이청준은 겸손하고 성실했습니다. 삶과 죽음 앞에 진실했고, 사회와 현실 앞에 정직했으며, 가치와 이상 앞에서 늘 진지했습니다. 평생토록 그는 무슨 장長 자리에 앉아본 적이 없습니다. 두터운 수상경력과 묵직한 문학적 권위에도 불구하고, 어느 문인단체의 회장이나 총무 감투를 쓴 적이 한 번도 없습니다.

    저항의 본고장 빛고을 토박이이면서도 지나가는 말투로나마 섭섭한 말, 분노의 목소리 한 번 내지른 적 없었고 촛불과 플래카드를 내두르며 거리에 나선 적도 없었습니다. 그의 저항은 날카로웠으나 고요했고, 그의 자유혼은 치열했으나 평화스러웠습니다. 《그곳을 다시 잊어야 했다》에서 토해낸 저항정신은 고결했고, 하필이면 과거사 청산 논쟁이 한창일 때 《지하실》에서 울려준 화해의 메시지는 절실했습니다. 그는 저항에 앞서 스스로 먼저 고뇌를 앓았고, 부조리를 향해 소리 지르기보다 잔잔히 용서와 사랑을 노래했습니다.

또 다른 섬 이야기, 소록도를 무대로 한 걸작 《당신들의 천국》은 제목에서부터 약간 냉소적인 내음이 묻어나지만, 그 빈정거리는 듯한 제목의 껍질을 뚫고 이청준은 저 머나먼 '우리들의 천국'을 향해 조금씩 전진해갑니다.

"자유라는 거 그거 믿음이 먼저 앞서야만 하는 건데, 믿음이 없이는 함부로 행할 것이 못되는데…. 자유가 사랑으로 행해지고 사랑이 자유로 행해져서, 서로가 서로 속으로 깃들이면서 행해질 수만 있다면야 사랑이고 자유고 굳이 나눠 따질 일이 없겠지만…"

자유보다 믿음을, 그 믿음보다 사랑을 더 근원적인 것으로 이해한 이청준의 정신세계에는 거대한 촛불 군단을 이루며 입에 거품을 물고 싸워야 할 부자유의 현실이란 아예 존재하지 않았는지도 모르겠습니다. 그래서인지 그는 직접화법을 싫어했습니다. 편안한 길을 놔두고 그는 늘 우회했습니다. 외피外皮에 집착하지 않고 속 깊이 내면을 천착하며 안으로 안으로 파고들었습니다.

"천국은 그것을 이룩하고자 하는 사람들이 그것을 완벽하게 만들어갈수록 그것을 살아야 하는 사람들에게는 오히려 숨 막히는 지옥이 되어버릴 수도 있을 것입니다…."

이청준이 본 '당신들의 천국'입니다. 마음 가난한 이들이 만들어가는 천국(마태복음 5:3)에는 도그마가 발붙일 곳이 없다는 믿음이 아니고는 도저히 쓸 수 없는 글입니다. 교조주의를 그도 나만큼이나 끔찍이 싫어했나 봅니다. 종교만이 아닙니다. 정치, 사회, 문화의 모든 인간사에서 지옥 같은 도그마는 독선과 배타의 이념으로 가난한 영혼들을 고문하며 그들의 천국을 파괴합니다.

나는 지금쯤 저 세상의 이청준이 아직 하얗게 밝아오지 않은 미백의 이어도, 그 영겁의 섬 바닷가를 휘적휘적 거닐며 또 다른 천국 이야기를 쓸 구상에 잠겨 있지 않을까 상상해봅니다. '당신들의 천국'이 아닌 '우리들의 천국'을.

돈으로
살 수 없는 것들

돈이 없어 불행한 가정보다 돈이 넘쳐나서
더 불행한 가정들을 직업상 수도 없이 보아오고 있는
나는 돈이 사랑과 평화까지 가져다주는 것이 아님을
늘 절감하고 있습니다. 돈으로 집을 살 수는 있지만,
사랑과 평화의 가정까지 살 수는 없습니다.

> 왕국을 지키는 일보다 한 가정을 지키는 일이 더 어렵다.
> _몽테뉴

"돈으로 집을 살 수는 있지만 가정을 살 수는 없다. 침대를 살 수는 있지만 잠을 살 수는 없다. 시계를 살 수는 있지만 시간을 사지는 못한다. 돈으로 책을 살 수는 있지만 지혜를 살 수는 없다. 지위를 살 수는 있지만 존경을 살 수는 없다. 약을 살 수는 있지만 건강을 사지는 못한다. 피를 살 수는 있지만 생명을 살 수는 없다. 돈은 만병통치약이 아니다. 오히려 그것은 가끔 고통을 줄 수 있다." 한 친구가 보내온 메일 속의 글입니다.

누구든지 아름답고 안락한 집에서 살기를 원하지만, 그 집안이 자리 잡아야 할 올바른 상태에 관해서는 그다지 관심이 깊지 않은 듯합니다. 날로 늘어나는 부부의 별거, 이혼, 그리고 자녀들의 가출사건 등을 보아도 분명한 현실입니다. 사랑과 인격으로 신뢰를 얻지 못하면 돈으로라도 아내나 자식의 환심을 사보려는 사람들이 있기 마련인데, 사람됨의 바탕 없이 돈만 뿌려대는 것은 돈은 돈대로 쓰고 욕은 욕대로 얻어먹는 참담한 결과를 초래할 뿐입니다.

나는 주례사를 할 때마다 "왕국을 지키는 일보다 한 가정을 지키는 일이 더 어렵다"는 몽테뉴M. de Montaigne의 말을 빼놓지 않기로 하고 있습니다. 한 나라는 군사력이나 경제력으로 지킬 수 있지만, 가정은 오직 사랑의 힘으로만 지켜낼 수 있기 때문입니다.

아내 몰래 외도를 즐기는 잡배일수록 돈으로 아내의 경계심을 늦추려 들기 일쑤입니다. 그러나 배신당한 사랑의 상처를 돈으로 감쌀 수는 없는 노릇입니다. 돈의 힘을 빌려 아내의 눈을 속이는 것처럼 졸렬한 짓거리도 없습니다.

돈이 없어 불행한 가정보다 돈이 넘쳐나서 더 불행한 가정들을 직업상 수도 없이 보아오고 있는 나는 돈이 사랑과 평화까지 가져다주는 것이 아님을 늘 절감하고 있습니다. 돈으로 집을 살 수는 있지만, 사랑과 평화의 가정까지 살 수는 없습니다.

"침대는 가구가 아니다"라는 광고 때문에 답안지에 침대는 가구가 아니라고 썼다는 어떤 초등학생의 이야기처럼, 이제 침대는 그냥 가구가 아니라 사치스런 장식품처럼 화려해지고 고급화되었습니다. 고급 가구점에 진열된 호사스런 침대에 누우면 잠이 오기는커녕 오히려 겁이 나서 잠이 달아날 것만 같습니다. 차라리 한여름, 우물물 한 바가지 뒤집어쓰고 얼기설기 짠 평상 위에 드러눕느니만 못하겠습니다.

잠은 침대가 불러오는 것이 아닙니다. 꿀맛같이 단 잠은 성실한 일상과 담백한 마음을 찾아 신의 은총(시편 127편)처럼 고요히 스며옵니다. 돈으로 침대를 살 수는 있어도 편안한 잠을 살 수는 없습니다.

결혼선물로 언제나 인기가 높은 어떤 보석시계는 서울 강남의 아파트 한 채 값과 맞먹는다는데, 그 시계를 찬 사람의 하루하루는 과연 보석처럼 빛날까. 시간은 시계 속에서 나오지 않습니다. 시간이 시계의 산물이 아니라 시계가 시간의 산물입니다. 시간이 없는 사람일수록 초조하게 시계를 들여다보곤 합니다. 시간의 흐름조차 아예 잊어버린, 참으로 시간이 넉넉한 사람은 도리어 시계를 벗어 놓는 법입니다. 손목시계를 도끼로 내리찍었다는 성철 선사의 일화처럼.

시간이 곧 돈이라고 믿는 사람들이 시테크라는 또 하나의 기발한 재테크 개념을 만들어냈지만, 그들의 시간이란 시계의 자판 위를 어슬렁거리는 환각일지도 모르겠습니다. 돈으로 시계는 살 수 있어도 시간은 살 수 없습니다.

또 아무리 인터넷 온라인 정보가 홍수를 이루고 있는 디지털 시대라지만, 머리맡이나 호주머니에 늘 가까이 두고 틈틈이 그 깊은 맛을 음미하는 데는 아무래도 책이라는 오프라인, 그 아날로그 정보만 한 것이 없습니다.

책은 그러나 지식의 창고일지언정 아직 지혜는 아닙니다. 책에서 지혜가 나오지 않고 지혜에서 책다운 책이 나옵니다. 진정한 지혜의 인격은 책을 쓰지 않습니다. 지혜를 전할 뿐입니다. 아니, 지혜의 삶을 묵묵히 살아낼 따름입니다. 예수도 석가도 소크라테스도 책을 쓴 일이 없습니다. 제자들이 그 가르침을 받아썼을 뿐입니다.

서가에 만권서책萬卷書冊이 꽂혀 있어도 거기 담긴 지혜의 열매들을 마음속에 고스란히 옮겨 담을 수는 없습니다. 지혜는 옮겨가는 것이 아니라 스스로 돋아나는 싹이기 때문입니다. 돈으로 책을 살 수는 있지만 지혜까지 살 수는 없습니다.

꼭 매관매작賣官買爵이 아니더라도 돈의 힘을 빌려 얻을 수 있는 지위는 아직도 꽤 많은 듯합니다. 각종 선거에 엄청난 돈이 들어가는 데에는 다 까닭이 있는 모양입니다. 정도의 차이는 있어도 대부분의 사회적 지위가 돈의 위력이 발휘되는 영역 안에 있습니다. 심지어 교육계·예술계·종교계마저도 예외가 아닙니다.

안타까운 것은, 그렇게 많은 돈을 들여 힘겹게 얻은 지위가 반드시 명예롭지도 존경스럽지도 않다는 점입니다. 명예나 존경은 돈으로 거래될 수 없습니다. 존경은 돈이 아니라 인격에서 나오고, 명예는 지위가 아니라 신뢰에서 비롯되는 것입니다. 몇 푼의 돈으로 전위부대나 박수부대를 끌어 모아 쏠쏠한 인기를 누릴 수는 있겠지만 인격과 신뢰를 살 수는 없는 노릇입니다.

어려웠던 지난 시절, 적지 않은 사람들이 피를 팔아 보릿고개를 넘기곤 했습니다. 그날의 채혈량이 차면, 피를 팔아보지도 못한 채 병원 문을 되돌아 나와야 했습니다. 요즘은 신체의 장기도 돈으로 팔고 사는 시대라, 돈만 있으면 남의 심장이고 간이고 허파고 얼마든지 골라 사서 제 몸 속의 것과 바꿔치기를 할 수 있다지만, 그래도 돈으로 건강 자체를 살 수는 없습니다.

하루가 다르게 진보 아닌 진보를 거듭하는 유전자과학이 그 오만한 팔을 어디까지 더 내뻗을지 알 길이 없으나, 분명한 것은 죽은 목숨을 돈으로 되살려내는 따위의 일은 결코 없으리라는 점입니다. 돈으로 부활을 살 수는 없기 때문입니다.

돈으로 잠시잠깐의 쾌락을 살 수는 있습니다. 그러나 돈으로 사랑까지 살 수는 없습니다. 돈으로 얻은 한순간의 쾌락은 영혼을 파멸시키는 기나긴 고통의 늪으로 이어지고 맙니다.

돈으로 비밀의 문을 사서 그 뒤에 부끄러운 몸뚱이를 잠시 숨길 수 있겠지만, 불꽃같은 하나님의 눈길을 막아낼 천막을 살 수는 없습니다. 아무리 많은 돈으로 사람의 입을 틀어막고 "죄악이 드러나지 않으리라"(시편 36:2) 하며 짧은 안도의 숨을 내쉰다 하더라도, 곧 하늘이 그 죄악을 드러낼 것이요 땅이 일어나 그를 칠 것입니다(욥기 20:27). 그래서 죄인은 두려움으로 절규합니다. "야훼께서 죄를 지켜보고 계시는데, 주님 앞에 누가 감히 버티어 설 수 있겠나이까?"(시편 130:3)

돈은 가치 있는 것이지만, 그 한계 역시 매우 명확합니다. 그리고 그것이 주는 고통의 피해 또한 엄청납니다. 당당했던 고관대작들이 거액의 수뢰 혐의 앞에서 고개를 떨구고 이리저리 말을 바꾸는 모습은 돈의 가치와 한계를 새삼 깨닫게 만듭니다. 더욱이 나눔과 사랑의 실천마저도 돈의 힘을 빌려야만 빛이 드러나는 것처럼 인식되고 있는 우리 사회 일부의 현실은 돈의 폐해를 가장 극명하게 나타내주는 슬픈 사례가 아닐까 합니다.

이슬람의 수니파 승려들은 "구도자들에게 돈을 주지 말라. 그들이 구도자로 남아 있을 수 있도록…"이라는 교훈을 글자 그대로 실천하려고 애를 쓴다고 합니다. 불가에서도 이른바 사무량심捨無量心으로 일체의 탐욕을 떠난 무소유의 정신을 깨치기 위해 용맹정진하는 선승들이 하나 둘이 아닙니다. 하물며, 가난했던 예수 그리스도를 따르고 그분의 가르침을 실천한다는 사람들이랴.

　나에게 메일을 보낸 친구는 끄트머리에 이런 우스갯소리를 덧붙여놓았습니다. "고통스러운 돈을 몽땅 내게로 보내라. 내가 친구인 너를 위해 기꺼이 그 고통을 감수하겠다. 다만, 신용카드는 사절한다. 현금만 받겠다." 이 친구는 정작 돈의 한계를 아직 잘 모르고 있는 모양입니다.

할머니의 손

'나눔'은 단순한 자선에 그치지 않습니다.
가진 이들의 나눔은 건전한 자본주의체제의
바탕이 될 뿐 아니라 사회통합의 구심점을 이룹니다.

자녀에게 어떤 일을 할 수 있을 만큼 돈을 물려주되, 아무것도 하지 않아도 될 만큼 물려주지는 말라. _워런 버핏

오랜 세월이 흐른 지금, 기억을 더듬어보면 할머니의 손길은 언제나 포근했습니다. 뜬금없이 찾아오곤 하던 배앓이로 온몸이 뒤틀릴 때 "내 손은 약손…" 콧노래를 웅얼거리며 찬찬히 배를 쓸어주시던 것도 할머니의 신기한 손이었고, 아버지의 매서운 회초리를 가로막고 나선 것도 할머니의 인자한 손이었습니다. 어머니에게 꾸지람을 듣고 눈물로 뒤범벅이 된 얼굴을 말끔히 씻어주시던 것도 할머니의 작은 손이었으며, 용돈 투정을 하다가 핀잔을 듣고 토라졌을 때 슬며시 허리춤의 쌈지를 뒤져 닳아빠진 동전 몇 닢을 건네주시던 것도 할머니의 쭈글쭈글한 손이었습니다.

할머니의 손은 늘 그렇게 넉넉했습니다. 살기 어려웠던 시절의 삭막한 세월은 할머니의 따뜻한 손길 덕분에 그나마 온기를 유지할 수 있지 않았을까.

이것은 내 할머니 또는 어느 집안 할머니의 이야기만이 아닙니다. 불우한 이웃, 공부 길이 막힌 청소년들, 오갈 데 없이 외로운 노인네들을 위해 선뜻 큰돈을 내놓는 이들은 거의 예외 없이 할머니들입니다. 척박한 삶을 한으로 녹이며 살아온 할머니들, 먹을 것

먹지 않고 입을 것 입지 않으면서 힘들여 모아온 돈을 아끼고 쪼개 쓰며 어렵사리 살아낸 할머니들, 그러면서도 이웃을 위해 전 재산을 성큼 내놓은 삯바느질 할머니, 김밥 장수 할머니, 떡 장수 할머니들 말입니다.

몇 년 전, 서울 강서구를 대표하는 인물과 문화, 자연 등이 '강서 40경景'으로 선정된 일이 있습니다. 인물로는 《동의보감》을 쓴 양천陽川 허준許浚과 화가인 겸재謙齋 정선鄭敾 등 다섯 분이 뽑혔는데, 그중에 단 한 분의 생존인물이 들어 있어 눈길을 끌었습니다. 황금자 할머니라는 분입니다.

열일곱 꽃다운 나이에 일본군 위안부로 끌려가 모진 고생을 한 황 할머니는 폐지를 주워 팔며 정부 보조금으로 근근이 생계를 이어오면서 꾸준히 모은 전 재산 4천만 원을 불우이웃돕기 성금으로 내놓았습니다. 강서구는 이 성금으로 '황금자 여사 장학금'이라는 기금을 설치하고 가난한 학생들의 학비를 지원하고 있습니다.

20년 동안 구멍가게에서 담배를 팔아 모은 돈 6억 원을 건국대학교에 장학금으로 기부한 '건대 할머니' 이순덕 여사는 혼자 사는 집에서 장학생들을 만나는 것을 낙으로 삼고 있습니다. 가끔 찾아오는 기자들에게는 이런 말을 들려줍니다.

"지금 생각해도 주길 잘했어. 자식이나 친척들에게 남겨줘야 무슨 소용이 있어? 학생들 공부시키는 게 제일 낫지. 애들도 찾아오고…. 학생들이 오면 얘기도 많이 듣고 세상 돌아가는 것도 알고 그래."

파킨슨씨병으로 손이 떨리고 거동이 불편하지만, 할머니는 학생들 얘기만 나오면 말씨가 아주 또렷해진다고 합니다.

충남대학교는 '김밥 할머니' 이복순 여사가 기증한 시가 50억 원짜리 땅을 재원으로 '정심화 장학재단'과 '정심화 국제문화센터'를 설립했습니다. 정심화는 이 여사의 법명입니다. 학교는 이 여사의 아들을 장학회 이사로 모시려고 했지만, 아들은 "일단 어머니가 기증한 이상 내가 관여할 일이 아니다. 학교에서 잘 운영해주리라 믿는다"며 이사 취임을 극구 사양했습니다. 그 어머니에 그 아들입니다.

이 여사가 작고한 뒤 '정심화 국제문화센터'에 정부보조금이 지원되자 학교는 여사의 법명 '정심화'를 떼어내려 했다가 학생들과 지역사회의 강한 반발에 부딪쳤습니다. 여사의 뜻은 지금도 학생들과 지역주민들의 마음속에 살아 숨 쉬고 있습니다.

"내 자식 대신 다른 집 자식이라도 가르치고 싶었다."

둘째딸과 막내아들을 먼저 저 세상으로 보낸 이순례 할머니는 먼저 간 두 자녀의 교육비로 쓴 셈 치고 10억 원 상당의 토지를 전남대학교에 장학금으로 기증했습니다. 남은 여섯 자녀들도 모두 찬성했다니 "정말 잘 줬지, 잘 줬어"라고 흐뭇해하는 여사와 너무나 닮았습니다.

몸이 불편한 팔순의 이 여사는 마지막 남은 집마저 노인복지시설에 기부했습니다.

"어머니가 집까지 놓아버리면 더 이상 이 세상에 계시지 않을 것 같은 불안감이 들어 끝까지 기부를 말렸지만, 정신이 맑을 때 기부하고 그것을 기억하시도록 어머니의 소원을 들어드릴 수밖에 없었습니다." 아들의 회고담이 더 감동적입니다.

지난 10여 년 동안 억대 기부자들의 약 70퍼센트가 예순이 넘은 할머니들이었습니다. 특히 어려운 형편에 홀로 고생하며 저축해온 할머니들이 기부에 열정적이었습니다.

남성들이 기업의 창업주나 대표로서 재산을 사회에 환원하는 경우는 꽤 있지만, 개인 남성들의 기부는 노년의 여성들보다 훨씬 적습니다. 여성이 남성보다 수명이 길다든가, 알뜰하게 절약하는 생활습성이 깊다든가, 또는 배우자가 세상을 떠난 뒤에도 재혼을 하지 않고 홀로 사는 여성이 남성보다 많다든가 해서 저축의 기회가 더 많은 것도 한 이유가 되겠지만, 돈이 있다고 다 남을 위해 기부하는 것은 아닙니다. 오히려 가진 것 별로 없는 사람들이 어려운 이웃을 돕는 일에 헌신적입니다.

여성에게는 어렸을 때의 아팠던 기억이 남성보다 오래 남는다고 합니다. 다른 사람의 괴로움을 연민하고 함께 마음 아파하는 성정도 남성보다 뛰어납니다. 무엇보다도 여성은 남을 배려하는 능력이 풍부합니다. 게다가 할머니들은 인생을 오래 살아온 경험과 거기서 솟아오른 삶의 지혜, 그 숱한 나날들 속에 켜켜이 쌓여온 삶의 애환이 이웃의 아픔을 헤아리고 불우한 이들의 고통에 공감하는 온화한 마음씨로 나타나는 경우가 많습니다. 미래학자 존 나이

스비트는 따뜻한 감성의 여성성을 3F(Female, Feeling, Fiction)로 대표되는 21세기 '하이터치 문화'의 핵심으로 파악했습니다.

"자녀에게 어떤 일을 할 수 있을 만큼 돈을 물려주되, 아무것도 하지 않아도 될 만큼 물려주지는 말라." 얼마 전 우리나라를 방문했던 워런 버핏의 말입니다. '가치 투자의 귀재'로 불리는 버핏은 무려 310억 달러(30조 원)를 빌 게이츠 재단에 기부했습니다. 자기 자식들이 운영하는 멀쩡한 재단을 제쳐두고 말입니다. 그는 상속세 폐지 주장에도 적극 반대했습니다.

'나눔'은 단순한 자선에 그치지 않습니다. 가진 이들의 나눔은 건전한 자본주의체제의 바탕이 될 뿐 아니라 사회통합의 구심점을 이룹니다.

"지나친 소유는 그것 자체가 주인이 되어 소유자를 노예로 만든다." 니체의 말입니다.

베이컨도 비슷한 지적을 했습니다. "돈은 최선의 종이요 최악의 주인이다."

편법상속과 비자금 조성으로 사회적 비난이 쏟아지자 여론에 떠밀려 '울며 겨자 먹기'로 재산의 사회 환원을 약속하고 나서는 우리나라 재벌들이 미국의 청부淸富들을 닮았으면 하는 바람이 크지만, 그에 앞서 우리 할머니들의 따스한 손길부터 본받는 것이 더 낫겠습니다.

마하트마 간디는 '가난한 사람들에게 경제는 영적인 것'이라고 믿었습니다. 그러나 내 생각에는 나눔의 경제생활이 부자들에게도 영적인 것이 될 수 있으리라고 봅니다. 진정한 나눔은 '하나님과 재물을 함께 섬기는' 우상숭배(마태복음 6:24)를 단호히 거부하는 영혼으로부터만 솟아나올 수 있는 것이기 때문입니다. 저 착하고 아름다운 우리네 할머니들의 손길처럼 따뜻한 영혼에서만….

이해하지 못하면
소유한 것이 아니다

돈의 의미와 가치, 권력의 내용과 성질을 바르게 이해하고
있지 못하다면 아무리 많은 돈을 가지고 있다 한들,
아무리 큰 권력을 휘두르고 있다 한들
그것을 진정으로 소유하고 있는 것이 아닙니다.

> 아무도 두 주인을 섬기지 못한다.··· 너희는 하나님과 재물을 함께 섬길 수 없다. _마태복음 6:24

미국의 조지 W. 부시 전 대통령이 대통령선거에 출마했을 때 상속세 폐지를 선거공약으로 내걸었습니다. 부유한 보수주의자들의 지지를 받는 공화당 후보다운 발상입니다. 부시 후보의 감세정책 중 가장 중요한 내용의 하나였던 상속세 폐지는 그러나 뜻밖에도 그로 인해 가장 큰 혜택을 입게 될 재벌들의 반대에 부딪쳤습니다.

미국의 재벌들이 상속세 폐지를 반대한 이유가 반드시 도덕적인 것만은 아닐 수도 있습니다. 상속세 폐지는 재벌에 대한 서민층의 격한 반감을 불러일으킬 것이고 이것은 그네들의 경제활동에 큰 지장을 초래할 위험이 있습니다. 상속세 제도는 재벌에 대한 서민층의 반감을 둔화시켜 결과적으로 재벌을 보호해주는 숨은 기능을 수행해왔습니다. 재벌들이 상속세 폐지를 반대한 것은 작은 것을 내어주고 큰 것을 지키려는 고단수의 포석일 수 있습니다.

그러나 이 문제를 꼭 그처럼 각박한 시각으로만 바라볼 필요는 없으리라 생각합니다. 실제로 미국 재벌들의 2세 상속은 우리네 경우처럼 일반적인 것도 아니고 또 파렴치할 만큼 무분별하기만 한 것도 아닙니다.

재벌의 의미와 실상부터가 우리와는 크게 다르기도 하지만, 저네들에게는 '내 자식이니까…'라는 생각보다는 '맡길 만하니까…'라는 기준이 더 앞서 있습니다. 극히 예외적인 경우가 아닌 한, 능력도 없고 자질도 없는 아들을 후계자로 내세워 어느 날 갑자기 거대 기업군의 회장 자리에 척 내다 앉히는 일은 그리 자주 있는 일이 아닙니다.

상속세에 가장 민감해야 할 재벌들이 오히려 상속세 폐지를 반대하고 나섰다는 것은 일단 미국 시민사회의 건강한 일면을 드러내준 것이라고 보아도 무방하겠습니다.

누구에게나 기회가 보장되는 나라로 알려진 미국에서 상속세는 모든 경제주체들에게 평등한 기회를 보장하는 하나의 수단일 수 있습니다. 물론 상속세 제도가 있다고 해서 재벌의 2세가 무산자無産者의 아들과 똑같은 평행선에서부터 출발한다고 강변할 수야 없지만, 아무래도 상속세 제도가 아예 없는 것과는 크나큰 차이를 나타낼 것은 뻔한 노릇입니다.

석유재벌인 록펠러에게 누군가가 이렇게 물었습니다. "당신은 매우 검소하고 절약하는 분으로 알려져 있는데, 당신의 아들은 왜 저토록 낭비가 심하고 사치스럽습니까?" 록펠러는 잠시 생각하다가 이렇게 대답했다고 합니다. "나의 아버지는 재벌이 아니었지만, 내 아들놈의 아버지는 재벌이기 때문입니다."

2세의 인격과 삶에 대한 재벌 아버지의 속 깊은 염려를 나타내주는 일화입니다. 2세의 인격을 위해서도 미국 재벌들에게 상속세 제도는 필요했던 것입니다.

"자식을 망치려면 많은 돈과 많은 시간을 주라"는 말이 있습니다. 인격이 성숙하지 못한 젊은이에게 많은 돈과 넉넉한 시간은 쾌락의 파멸로 직행하는 고속열차표나 다름없습니다. 더욱이 요즘같이 즐길거리가 넘쳐나고 시간 보낼 일이 지천으로 쌓여 있는 세태에는 두말할 나위도 없습니다.

대중의 인기와 재물을 한꺼번에 움켜쥔 청순한 이미지의 젊은 여배우가 호텔방에서 유부남과 함께 필로폰을 즐기다가 구속되어 장안의 화제가 되기도 했지만, 이런 일은 비단 연예인들에게만 있는 일이 아닙니다. 돈과 시간과 젊음이 교차하는 삼거리에는 언제 어디에나 널려 있는 것이 쾌락의 늪이요, 그 쾌락을 미끼로 미숙한 인격을 낚아내려는 것이 악령의 보편적인 유혹의 자리입니다.

물론 우리는 매순간을 청교도들처럼 엄숙한 표정을 짓고 살아갈 수만은 없습니다. 적절한 휴식과 여유는 생활의 보람이요 정신건강의 촉매제가 될 수 있습니다. 어느 정도의 즐길거리가 없다면 사람은 과도한 스트레스로 심신의 건강을 크게 해칠 수 있다는 것이 의학계의 정설입니다.

그 여유와 휴식조차 버리라는 말이 아닙니다. 여유와 휴식을 넘어선 쾌락추구의 천박한 시대풍조를 경계해야 한다는 말입니다.

인간이해의 방식이 '생각하는 존재 *Homo Sapiens*'에서 '일하는 존재 *Homo Faber*'를 거쳐 이제는 '즐기는 존재 *Homo Ludens*'로 바뀌어가고 있습니다. 제조업이나 가공업보다는 서비스업이 더 각광을 받고, 사색과 탐구의 책보다는 흥미와 쾌락의 영상물들이 훨씬 더 잘 팔리는 시대입니다.

'공부하는 재미'는 케케묵은 옛말이 되었고, 이제는 '재미있는 공부'가 아니면 하지도 않고 가르칠 수도 없는 세태입니다. 심지어 신앙에서도 '신앙생활의 재미'는 사라져버리고 이제는 '재미있는 신앙생활'이 아니면 쉽사리 신자들의 발을 붙잡지 못합니다. 교회당이 시끌벅적한 전자악기의 증폭된 음향으로 가득 차고, 신자들마다 '…주시옵소서'의 기복신앙에 열중해 있는 오늘의 일반적인 종교현상 역시 '신앙의 재미'보다는 '재미있는 신앙'을 찾아 나선 '즐기는 존재'들의 시대적 풍조에 다름 아니리라.

이러한 정신환경 속에서 많은 돈과 넉넉한 시간을 가진 젊은이들이 갈 곳이란 극히 제한되어 있습니다. 선택의 여지가 많은 것 같아 보이지만, 실은 단 한 가지뿐입니다. 인기몰이의 엽기 행각들이 도리어 어이없는 환호를 받고, 젊은이들 스스로 엽기의 가상현실을 찾아 인터넷의 무한공간을 끝없이 방황하는 '엽기의 시대'에, 환각과 말초신경의 자극을 좇는 상업적 쾌락의 시장 외에 그들이 갈 곳은 달리 없을 것입니다.

버나드 쇼는 "이해하지 못하면 소유하는 것이 아니다"라고 갈파했습니다. 비록 무엇을 손에 쥐고 있다 하더라도 그것의 가치와 존재의미를 제대로 이해하고 있지 못하다면 그것을 바르게 소유한 것이 아니라는 말입니다.

수학공식을 아무리 줄줄 외운다 한들 그것을 제대로 이해하고 있지 않다면 올바른 수학지식을 소유한 것이 아닙니다. 신앙고백을 주일마다 빠짐없이 암송한다 한들 거기 담긴 영적 의미를 깊이 이해하지 못하고 있다면 진정한 신앙을 소유한 것이라고 할 수 없습니다.

돈의 의미와 가치, 권력의 내용과 성질을 바르게 이해하고 있지 못하다면 아무리 많은 돈을 가지고 있다 한들, 아무리 큰 권력을 휘두르고 있다 한들 그것을 진정으로 소유하고 있는 것이 아닙니다. 오히려 스스로 돈과 권력에 사로잡혀 자신과 남의 인격을, 그 소중한 삶을 피폐하게 할 뿐입니다. 소유의 주체와 객체가 전도된 결과입니다.

아무리 권위 있는 지도자의 자리를 차지하고 앉아 있다 한들, 올바른 리더십과 공동체에 대한 진정한 헌신의 마음을 가지고 있지 못하다면 그는 지도자의 자리를 바르게 지니고 있다고 할 수 없습니다. 오히려 공동체를 자신의 이기적 성취의 수단으로 삼기 위해 그 지도적 위치를 '권력화'하는 사이비 지도자에 불과합니다.

IMF 위기 때, 밑 빠진 독 같은 부실기업에게 국민의 선혈 같은 공적 자금을 150조 원 이상이나 퍼부은 결과 그중 90조 원은 회수가 불가능해졌다고 합니다. 더욱이 파렴치한 부실 기업인들이 감독기관이나 금융기관 임직원들과 짜고 무려 7조 원 가까이를 빼돌려 카지노와 해외 관광지 등에서 유흥비로 몽땅 날려버렸다는 소식에는 온 국민이 마치 심장을 도둑맞은 듯 깊은 허탈감에 빠졌습니다.

무직인 20대 아들에게 십수억 원짜리 빌라를 사주는가 하면, 다섯 살짜리 손자 앞으로도 고급 아파트를 등기 이전해 놓은 부실기업인도 있었다고 합니다. 회사를 살리라고 퍼준 공적 자금을 가로채서 말입니다. 이 기막힌 소식을 접하고, 그네들이 나라의 공적 자금을 가로챈 것이기 이전에 막대한 공짜 돈이 그네들의 영혼과 인격을 가로채버렸다는 느낌을 지울 수 없습니다.

도심 여기저기에 들어선 화려하고 드높은 사찰과 교회당들이 보란 듯이 그 풍족한 재정을 자랑하고 있습니다. 그러나 그 많은 교회와 절간들이 과연 '소유'의 의미와 가치를 올바로 파악하고 있는지…. 영혼의 등불로서 '섬김과 나눔'이라는 스스로의 존재의미를 제대로 이해하고 있는지…. 이 땅의 종교적 지도계층이 과연 신앙의 참된 리더십과 순교적인 청지기의 정신으로 자기를 죽이고 공동체를 위해 헌신하고 있는지 깊은 의문이 듭니다.

그 이해가 없다면 그네들은 그 많은 재정과 화려한 건물과 지도자의 권위를 진정으로 소유한 것일 수 없습니다. 거꾸로, 재물과 명예에게 소유당하여 영혼의 참 자유를 상실한 것밖에는 아무것도 아닙니다.

산업자본주의의 천국인 미국에서 재벌과 갑부들이 상속세 폐지를 반대하고 나선 것은 반드시 도덕적인 일도 아니요, 그렇다고 꼭 비도덕적인 것만도 아닙니다. 다만 그들은 알고 있는 것입니다. 상속세 폐지가 자기 자식들의 인격에 얼마나 황폐한 결과를 가져다 줄 것인지를, 그래서 돈을 사랑하기 전에 먼저 자식들을 사랑해야 한다는 것을 그들은 분명히 알고 있었던 것입니다.

가정,
최초이자
최후의 학교

아이의 기를 살리는 일도 중요하지만
당당하되 양보할 줄 아는 인격,
비굴하지 않되 넉넉히 참아낼 줄 아는 품성을
기르는 일이야말로 무엇보다 중요한 삶의 지혜요 덕목입니다.

> 과학적 탐구정신은 어린 시절의 가정교육에서 싹튼다.
> _존 로버트 슈리퍼

    공교육의 붕괴현상이 갈수록 심각한 국가적 현안으로 떠오르고 있습니다. 대학입시제도가 해마다 춤을 추고 수학능력시험의 난이도가 시도 때도 없이 바뀌곤 합니다. 일관성 있는 정책을 지금 당장 기대하기란 쉽지 않아 보입니다. 이런 상황에서 학부모들이 학교보다 입시학원을 더 신뢰하는 경향까지 두드러지고 있습니다.

    중고등학교의 정규 교과과정은 학사일정에만 올라 있을 뿐, 상급학교의 진학을 위한 입시준비가 교육의 중심내용이 되어버렸습니다. 학교 밖에다 쏟아 붓는 과외교습비가 공교육비보다 훨씬 많습니다. 아예 학교에서는 잠을 자고 공부는 학원에 가서 본격적으로 하는 학생들이 점점 늘어간다고 합니다.

    몇 년 전에는 쇠창살로 굳게 잠긴 입시학원에서 밤늦도록 공부하던 학생들 수십 명이 불에 타서 죽거나 다친 일도 있었습니다. 화성군 씨랜드 참사와 인천 생맥줏집 화재 사건에도 아직 정신을 못 차린 어른들의 죄악 때문에 어린 청소년들만 그야말로 '감옥 같은 환경' 속에서 '지옥 같은 고생'을 하고 있는 것입니다. 쇠창살을 두르고 철문으로 가로막힌 공부방에다 아이들을 몰아넣는 나라가 지구상에 또 있을까. 이민을 가려는 학부모들의 심정도 이해 못할 바 아닙니다.

더욱이 스승의 날에 제자들로부터 뭇매를 맞은 교사가 경찰서에 고소장을 제출하는 사태에 이르러서는 '교육의 카오스chaos 시대'라는 한탄이 절로 나오지 않을 수 없습니다.

역사와 철학, 문학 등 기본적인 인문의 바탕이 없어도 버젓이 대학을 졸업하고, 곧장 상품화할 수 있는 아이디어 하나로 학위를 주고받으며, 돈이 되는 것이면 무엇이든지 신지식 취급을 받습니다. 전인적 교육이라든가 지덕체智德體의 균형적 함양 같은 고전적 목표들은 이제 곰팡이 냄새 나는 헌신짝만큼도 여겨지지 않는 듯합니다.

유달리 학벌에 집착하는 우리네 허영심, 교육의 정체성을 확립하지 못한 교육행정당국의 무지와 태만, 그리고 상업자본주의의 위력 앞에 무릎 꿇은 시대정신 등이 야합해서 이처럼 불행한 교육 파괴의 현실을 초래했다는 진단에 누구라도 이의를 제기하기 어려울 것입니다.

교육의 불행은 오늘의 문제로 끝나지 않습니다. 그것은 앞으로 다가올 미래세대의 삶의 질과 직결된 절실한 문제입니다.

그러나 공교육의 분야보다 더 심각한 붕괴현상을 맞고 있는 것이 아마도 가정교육 아닐까. 학교와 교사들에게 불만을 토로하는 학부형일수록 스스로 가정교육의 책임을 다 하고 있는지 되돌아보아야 합니다. 지식과 기술의 교육보다 더 중요하고 더 근본적인 교육, 즉 올바른 인성과 반듯한 생활자세의 정립은 학교 이전에 가정에서부터 비롯되는 것이며 교사의 입에서보다 부모의 품에서 먼저 배워가는 것입니다.

"아들 딸 가리지 말고 하나만 낳아 잘 기르자"는 구호 아래 모두들 아이를 하나씩만 낳아 기르다보니, 외둥이는 형제자매들 사이의 부대낌 속에서 자기의 욕망을 절제하며 인간관계의 갈등을 조절해가는 법을 스스로 체득할 수 있는 기회를 잃어버렸습니다. 저마다 왕자로 공주로 자라난 아이들이 (훌륭하게 성장한 외둥이들은 제외하고) 친구나 선후배들과 올바른 인간관계를 형성해가기 어려울 것은 당연한 일입니다.

남자들에게는 그나마 유일하게 공동생활을 훈련할 수 있는 기회인 군복무마저 이리저리 기피하고 있는 실정이니, 이렇게 독불장군으로 커온 아이들이 무슨 재주로 이웃과 더불어 살아가는 법을 배울 수 있을까.

아이들이 싸움을 하면, 예전에는 내 아이를 먼저 야단치는 것이 우리네 관습이었습니다. 상대방 아이의 부모에게는 "제가 잘못 가르친 탓이지요"라며 서로 먼저 머리를 조아렸습니다. 위선이 아니라 더불어 살아가기 위한 삶의 지혜요 방식이었던 것입니다.

하지만 요즘에는 아이들의 싸움이 곧장 부모의 싸움이 되어버립니다. "누가 감히 내 아이를…" 하는 식의 오기가 살맛 떨어지는 세상을 만들어가고 있습니다. 아이의 기를 살리는 일도 중요하지만 당당하되 양보할 줄 아는 인격, 비굴하지 않되 넉넉히 참아낼 줄 아는 품성을 기르는 일이야말로 무엇보다 중요한 삶의 지혜요 덕목입니다. 가장 가까운 친구가 대학입시와 사회진출의 경쟁자가 되어야 하고, 삶의 모범이어야 할 스승이 지식 전수의 중개인으로 전락해버린 사회는 이미 희망을 잃어버린 사회입니다.

몇 년 전 우리나라를 방문한 노벨물리학상 수상자 존 로버트 슈리퍼 박사는 "과학적 탐구정신은 어린 시절의 가정교육에서 싹튼다"고 지적했습니다.

희망 없는 사회일지언정 그나마 가정의 자리가 바로 서 있다면 교육의 위기는 어렵지 않게 극복될 수 있을 것입니다. 바르지 못한 아버지에게서 배우고 정직하지 못한 어머니를 닮아가는 아이들의 인성이란 생각만 해도 끔찍하기 이를 데 없습니다. 불안정하고 여리디 여린 인격을 학교에 내던지듯 맡겨놓고 공교육의 파행만을 비난하는 것은 어불성설이 아닐 수 없습니다.

교회에서 운영하는 주일학교도 이와 크게 다르지 않습니다. 올바른 신앙의 영성은 먼저 가정에서부터 뿌리내리는 것입니다. 학교도 교회도, 자라나는 세대의 인격과 품성에 관한 한 결코 일차적인 책임의 자리가 될 수 없습니다. 오직 가정만이 그 위대한 책임을 수행할 수 있는 유일한 자리입니다. 가정은 최초이자 최후의 학교이며, 어버이는 첫 스승이자 또한 마지막 스승이기 때문입니다.

곳곳에서 가정이 파괴되어가는 이즈음, 학교로서의 가정의 자리, 스승으로서의 부모의 자리를 회복하고자 하는 다짐이 보다 더 깊어지기를 바라는 마음은 비단 나 혼자만의 것이 아니리라.

기회주의자에게는
기회가 없다

입만 열면 "주여, 주여" 부르짖으며 언제 어디서나 누구에게나
성경구절을 척척 꺼내놓는 신앙제일주의자들에게서
참 신앙을 발견할 수 없듯이, 기회주의자에게는 기회다운 기회가
주어지지 않는다는 것은 인류역사의 오랜 경험입니다.

하나님은 문을 닫으실 때 다른 쪽 창문을 열어놓으신다.
_〈사운드 오브 뮤직〉 중에서

그리스의 오리티지아 섬에 있는 시라쿠사 거리에는 이상한 모양의 동상이 하나 서 있습니다. 앞머리에는 머리숱이 무성한데 뒷머리는 대머리이고, 발에는 날개가 달린 괴이한 형상의 동상입니다. 외국에서 온 관광객들은 처음 이 동상을 마주하고 고개를 갸우뚱하지만, 동상 아래 적힌 글을 보고는 이내 고개를 끄덕이곤 합니다.

"내 앞머리가 무성한 이유는 사람들이 나를 보았을 때 쉽게 붙잡을 수 있도록 하기 위해서고, 뒷머리가 대머리인 이유는 내가 지나가면 사람들이 다시는 붙잡지 못하도록 하기 위해서이며, 발에 날개가 달린 이유는 최대한 빨리 사라지기 위해서다. 나의 이름은 기회다."

저명한 저술가인 C. S. 루이스는 이런 이야기를 지어냈습니다. 런던을 방문했다가 의기양양하게 돌아오는 고양이에게 누가 물었다. "너 어디 갔다 오니?" "예, 나는 여왕을 만나러 런던에 갔다 오는 길입니다." "그래, 너는 무엇을 보았니?" "나는 여왕의 의자 밑에 있는 생쥐를 보았습니다."

웃음이 나올 듯하다가 이내 서글퍼지고 마는 지독한 풍자입니다. 고양이는 런던의 웅장한 버킹엄 궁전에 가서 엘리자베스 여왕과 아름다운 공주를 만난 것이 아니라 겨우 여왕의 의자 밑을 기어 다니는 생쥐 한 마리를 본 것입니다. 이 고양이는 생쥐 한 마리 때문에 평생 다시 얻기 어려운 기회를 놓쳐버리고 말았습니다.

2002년의 월드컵 경기는 지금도 우리의 기억 속에 생생하게 살아 있습니다. 우리 태극 전사들은 경탄할 만한 기량과 투혼으로 사상 첫 4강 대열에 오르면서 온 국민에게 기적 같은 감동을 안겨주었습니다. 태극기의 물결이 3·1 독립운동 이후 처음으로 전 국토를 뒤덮었습니다. 축구에 대한 열정은 자연스레 축구에 대한 민감한 안목을 키웠고, 그래서 이젠 일반 관중들도 슈팅 기회를 잘 포착하는 선수와 그렇지 못한 선수를 훤히 구별할 수 있게 되었습니다.

우수한 선수란 별다른 사람이 아닙니다. 순간적으로 다가와 순식간에 지나가버리는 골 결정 기회를 재빨리 포착해서 강력한 슈팅으로 골 문을 열어 제치는 선수가 최고의 선수라 할 수 있습니다. 그라운드의 승리는 다름 아닌 기회의 포착에 달려 있습니다.

어찌 축구 선수들뿐일까. 누구에게든지 일생 동안 적어도 한두 번의 기회는 찾아온다고 합니다. 그 꿈 같은 기회를 제대로 포착해서 선용할 줄 아는 사람은 성공할 수 있지만, 찾아온 기회를 기회로 여길 줄 모르고 두 눈 멀쩡히 뜬 채 놓쳐버리는 안타까운 사람도 어지간히 많습니다.

"기회는 새와 같다. 날아가기 전에 꼭 붙잡아라." 이런 서양 속담이 있습니다. 그러나 새 잡는 일이 말처럼 쉽지는 않습니다. 사냥하듯 총으로 쏴 잡으려면야 그리 어려울 것도 없겠지만, 새를 죽이거나 상처를 입히지 않고 산 채로 잡으려면 여간 공을 들여야 하는 것이 아닙니다. 죽은 새는 기회가 될 수 없기 때문입니다. 기회의 포착이란 그렇듯 어려운 일입니다.

그렇다고 허구한 날 무슨 기회가 없나 두리번거리며 '없는 기회'를 애써 만들어보려고 안간힘을 쓰는 것처럼 처량한 짓거리도 없습니다. 기회는 찾아오는 것이지 만드는 것이 아닙니다. 기회를 내 마음대로 만들어 쓸 수만 있다면 어느 누군들 성공하지 못하겠는가.

기회란 모름지기 내 할 일 묵묵히 해나가며 진득이 기다려야 하는 것입니다. 곧은 낚싯대를 강물에 드리우고 긴 세월의 의미를 낚았던 강태공의 여유로운 눈길이 기회를 포착해냅니다.

기회를 볼 줄 아는 사람은 기회를 기다리되 결코 기회주의자가 되지는 않습니다. 권위주의자에게 참 권위가 없고, 도덕주의자에게 진정한 도덕이 없고, 목이 터져라 민주주의를 외치는 민주투사에게 정작 민주의식이 없고, 입만 열면 "주여, 주여" 부르짖으며 언제 어디서나 누구에게나 성경구절을 척척 꺼내놓는 신앙제일주의자들에게서 참 신앙을 발견할 수 없듯이, 기회주의자에게는 기회다운 기회가 주어지지 않는다는 것은 인류역사의 오랜 경험입니다.

기회주의자란 찾아오는 기회를 기다리지 않고, 없는 기회를 억지로 만들어 그 허망한 신기루 위에 몸을 실어보려는 사람입니다. 저들은 무슨 일이 생길 때마다 사안의 진실을 외면하고 단지 편가르기와 세력 다툼으로 사태를 몰고 가서 '억지 기회'를 조작해내려

듭니다.

그 때문에 주위의 많은 사람들을 속이고 음해하며 괴롭힐 뿐 아니라, 자신의 탐욕에 스스로 속아 결국은 실패의 쓴 고통을 맛보게 됩니다. 그들의 실패는 왕궁에 들어가서도 여왕과 아름다운 공주를 보지 못하고 눈앞의 탐욕 때문에 겨우 의자 밑에 있는 생쥐나 보고 마는 격입니다.

기회주의자들의 속성인 거짓과 탐욕은 죄성의 쌍생아입니다. 모든 죄악이 탐욕에서 나오고, 모든 죄의 존재 방식이 거짓입니다. 진실 속에는 죄가 비집고 들어올 틈이 없으며, 오히려 진실은 사랑으로 허다한 죄를 덮어줍니다(베드로전서 4:8).

기회주의자들의 치명적인 약점은 그들이 언제나 '당장 잡아먹을 수 있는 것'만 노린다는 점입니다. 여왕의 무릎 위에 안겨 사랑을 받으면 맛난 음식으로 마음껏 배를 불릴 수 있을 터이건만, 고양이 같은 기회주의자들은 사랑 따위는 아랑곳없이 항상 눈앞의 먹이에만 정신이 팔리게 마련입니다. 이것이 기회주의자들의 특징이자 한계입니다.

선거철만 되면 당적 옮기기를 버스 갈아타듯 하는 철새 정치인들, 연인 바꾸기를 옷 갈아입듯 하는 바람둥이들, 아파트 옮기기를 신발 갈아 신듯 하는 복부인들, 직장 옮겨 다니기를 식당 드나들듯 하는 떠돌이 직업꾼들, 그리고 뱁새 같은 눈으로 상황의 추이를 훔쳐보다가 유리한 쪽에 슬며시 몸을 싣는 이중인격자들…. 이들은 모두 눈앞의 작은 욕망을 좇아 사랑의 인격을 내팽개치는 기회주의자들이요. 인생과 자연의 아름다움을 보지 못하고 생쥐 찾는 고양이처럼 어두운 구석만 노리는 데 혈안이 된 근시안들이라 할 수 있습니다.

제2차 세계대전 당시 독일군에 점령당한 폴란드 어느 마을에서 있었던 일입니다. 사업의 성공만을 위해 그때그때의 시류에 맞춰 카멜레온처럼 처신하던 기회주의자 오스카 쉰들러는 유태인에게서 그릇 공장을 인수하기 위해 나치 당원이 되고 독일군에게 뇌물을 바칩니다.

그러나 유태인 스턴과 깊은 친분을 맺으면서 마음속 깊은 곳으로부터 양심의 소리를 듣게 된 쉰들러는 독일군의 유태인 학살에 분노하며 치를 떱니다. 그는 마침내 강제수용소에서 유태인들을 구출해내기로 결심하고, 스턴과 함께 수용소에서 구출해낼 유태인들의 명단을 만듭니다. 그것이 저 유명한 '쉰들러 리스트'입니다.

그는 기회주의적인 처신으로 벌어들인 자신의 전 재산으로 독일군 장교를 매수하여 무려 1,100명의 유태인을 수용소에서 구출해 냅니다. 냉혹한 기회주의자 오스카 쉰들러는 진정한 기회를 아는 사람으로 변신했습니다. 양심의 소리가 제공한 기회를 놓치지 않은 것입니다.

극작가 오영진의 작품 중에 〈살아 있는 이중생 각하〉라는 희곡이 있습니다. 이중생이라는 인물은 일제 치하에는 자진해서 외아들을 징용에 내보내는 전형적인 친일행각으로 치부를 하고, 해방 후에는 건국의 혼란기를 틈타 국유림을 가로채기 위해 무허가 산

림회사를 차리는가 하면, 달러를 융자받기 위해 작은 딸을 미국인의 정부로 내어주는 등 파렴치한 행태로 거부가 된 사업가입니다. 작가는 철저한 기회주의자 이중생의 삶을 통해 우리 사회의 부패와 역사적 부조리를 풍자하고 고발합니다.

국유림을 가로채려던 음모가 발각되어 사기범으로 붙잡힌 뒤에도 이중생의 간교한 기회주의적 근성은 감옥 속에서도 시들지 않습니다. 그는 악덕 변호사와 공모하여 거짓 자살극을 꾸미고 재산을 사위 앞으로 빼돌립니다. 그러나 수사과정에서 진상이 밝혀져 빼돌린 재산이 전부 무료병원 건립비용으로 쓰이게 되자 마침내는 진짜로 자살해버림으로써 기회주의자의 더러운 삶을 마칩니다.

양심의 소리에 귀를 막은 이중생은 참 기회를 알지 못하는 천박한 기회주의자로 살다가 끝내 마지막 회개의 기회마저 거부한 채 그렇게 죽고 말았습니다.

"하나님은 문을 닫으실 때 다른 쪽 창문을 열어놓으신다." 영화 〈사운드 오브 뮤직〉에서 여주인공 마리아가 읊는 대사입니다. 하나님이 열어놓으신 창문은 소망의 기회로 열린 출구이며 사랑의 들판으로 이어지는 나들목입니다. 닫힌 문을 억지로 열려 하지 말고 하나님이 열어놓으신 다른 쪽 창문을 내다볼 줄 아는 사람이 진정 기회를 아는 사람일 것입니다.

내가 믿기에, 가장 좋은 기회란 다른 것이 아닙니다. 공부할 수 있을 때 열심히 공부하고, 일할 수 있을 때 성실히 일하며, 선을 행할 수 있을 때 넉넉히 선을 행하고, 사랑할 수 있을 때 순수하게 사랑하는 것입니다.

공부할 기회를 놓치면 나중에는 하고 싶어도 여간 하기 어려운 것이 아닙니다. 젊고 건강할 때 작은 일이라도 성실히 하지 않으면 늙고 노쇠해진 다음에는 후회해도 아무 소용이 없습니다. 크게 넉넉하지는 않더라도 남을 도울 수 있을 때 서로 돕고 나누어야 합니다. 어려워지면 도움을 줄 수도 없고 받기도 어렵습니다.

그러나 무엇보다 값진 기회는 '회개할 수 있을 때 진실하게 회개하는 일'이라는 것을 감히 단언할 수 있습니다. 쉰들러처럼 세미한 양심의 소리에 귀를 기울여 자신의 기회주의적인 삶을 돌이키고 진솔하게 참회하는 일이야말로 한 인간의 생애를 '허무에서 가치로' 전환시키는 일대 역전의 기회임에 틀림없습니다. '참회의 기회'는 모든 기회 중에서 가장 값진 기회라고 믿어 의심치 않습니다.

그 밖에 다른 기회란 없습니다. 다른 기회를 노린다면, 그것은 생쥐 찾는 고양이요 돈밖에 모르는 저 이중생 각하 같은 기회주의자일 뿐입니다. 결코 기회가 주어지지 않는 기회주의자 말입니다.

제5부

꿈,

꿀 때와
깰 때

작은 것이
아름답다

국가와 사회의 높은 자리들, 큰 집과 큰 자동차,
대형사찰, 대형교회와 화려한 예배당, 교단과 교회 안의
높은 지위들…. 이런 큰 것들 때문에
아! 그동안 우리의 눈은 얼마나 오래도록 멀어 있었던가.

작은 것을 지향하는, 인간을 위한 경제구조. _슈마허

　베토벤의 제3번 교향곡 〈영웅〉은 베토벤이 민중시대의 진정한 영웅으로 숭배하던 보나파르트 나폴레옹에게 바치려고 심혈을 기울여 썼다가 나폴레옹이 황제의 위에 오르자 "속물!"이라고 내뱉으며 악보를 찢어버린 곡으로 유명합니다. 〈영웅〉 교향곡은 하이든과 모차르트의 체취에서 아직 자유롭지 못했던 제1번, 제2번 교향곡과는 달리 베토벤 자신의 음악세계를 웅대하게 펼치기 시작한 전환기적 작품으로 평가되는 걸작입니다.

　〈영웅〉 교향곡은 내림 마장조 으뜸화음 두 마디의 전합주로 그 장중한 서두를 엽니다. 그런데 이 두 마디의 서두가 원래는 한 마디로만 되어 있었다고 합니다. 4분의 3박자인 첫 악장의 서두를 으뜸화음 한 마디로 시작하고 보니 베토벤은 왠지 허전한 느낌을 지울 수 없었습니다. 오랜 고심 끝에 그는 똑같은 으뜸화음 한 마디를 덧붙여서 오늘의 두 마디 서두를 만들었습니다. 3박자의 선율에서 두 마디 서두는 정체 모를 불안정의 긴장감을 가득 안고 있습니다.

　만약 베토벤이 이 서두를 세 마디로 만들었더라면 3박자의 템

포와 어울려 매우 평이하고 단조로운 곡이 되었을 겁니다. 베토벤은 한 마디의 허전함과 세 마디의 평이함을 모두 버리고 긴장과 절제를 그윽이 함축한 경이로운 두 마디의 서두로 저 불후의 명교향곡 〈영웅〉의 첫 울림을 터뜨린 것입니다. 수백 마디의 소절들로 구성된 교향곡에서 짧은 한두 마디가 얼마나 소중한 것인지를 나타내주는 좋은 예라고 할 수 있습니다. 이 교향곡의 첫머리에서부터 나는 베토벤의 천재성에 고개를 숙이지 않을 수 없습니다.

작은 체구의 소년 다윗은 자그마한 물맷돌 하나로 완전무장한 거인 골리앗을 쓰러뜨립니다. 이스라엘의 장병들과 사울 왕에게는 거인 골리앗이 공포와 두려움의 대상이었지만, 작은 소년 다윗에게는 장대한 골리앗이야말로 더없이 좋은 표적이었습니다. 물맷돌의 표적은 크면 클수록 맞추기 쉬운 법이기에.

그런데 다윗이 후에 위대한 왕이 되고 난 후 그만 아름다운 여인 밧세바 앞에 어이없이 무너지고 말았습니다. 작은 당나귀 턱뼈 하나로 수백 명의 블레셋 군대를 쳐부순 삼손도 이방 여인 들릴라에게 걸려 넘어졌습니다. 더 할 수 없이 큰 존재가 어떻게 작디작은 존재들 앞에서 쉽게 무너질 수 있는지를 보여주는 성서 속의 표본들입니다.

세상이 온통 크고 화려한 것들에만 정신이 팔려 있는 이즈음, 작은 것에 대한 관심을 새롭게 되새길 필요가 절실합니다.

예수님은 지극히 작은 한 사람에 대한 사랑이 무엇보다 큰 사랑임을 가르쳤고, 크고 늠름한 백마가 아닌 작디작은 새끼 나귀를 탔으며, 스스로를 작은 제물 '어린 양'이라 불렀습니다.

대랍비 가말리엘의 문하생으로 앞길이 창창했던 사울은 이방인의 사도로 부름을 받은 후에 '꼭 필요한 사람'이라는 뜻의 유대식 이름 사울을 버리고 '작은 사람'이라는 뜻의 헬라식 이름 바울을 사용하기 시작합니다. 필요한 사람 사울이 작은 사람 바울로 겸손히 거듭나는 순간입니다.

《작은 것이 아름답다》라는 책을 쓴 독일의 경제학자이자 환경보호운동가인 슈마허는 구미의 성장지상주의 경제구조를 거칠게 비판하면서 '작은 것을 지향하는, 인간을 위한 경제구조'를 힘주어 부르짖었습니다. 자유롭고 창조적이며 효율적인 것은 큰 것들이 아니라 작은 것들이라고 믿는 슈마허는 인류가 가야 할 진정한 발전의 길은 유물론적인 거대 경제체제의 질주도, 인습에 얽매인 전통주의의 고수도 아닌 중용의 상태라고 주장합니다.

그가 말하는 중용의 상태란 인간이 스스로 통제하고 조절할 수 있는 규모의 경제체제를 가리키는데, 인류는 이런 중용의 상태에서만 쾌적하고 환경친화적인 삶을 유지할 수 있다는 것입니다. 그래서 슈마허는 대량생산체제를 때려 부수고 지역과 주민 중심의 소규모 작업장들을 경제구조의 뼈대로 만들어야 한다고 확신했습니다.

우리의 조국근대화는 슈마허의 '작은 것'과는 정반대의 길을 치달려왔습니다. 동양 최대, 세계 최고…. 이것은 지난 수십 년간 우리 경제의 신화를 이끌어온 우상들입니다. 그래서인지 우리는 지금껏 너무나 크고 화려하고 멋있는 것들에만 정신이 팔려 있었습니다. 국가와 사회의 높은 자리들, 큰 집과 큰 자동차, 대형사찰, 대형교회와 화려한 예배당, 교단과 교회 안의 높은 지위들…. 이런 큰 것들 때문에 아! 그동안 우리의 눈은 얼마나 오래도록 멀어 있었던가.

우리나라 자동차는 유럽이나 일본의 자동차보다 훨씬 큽니다. 우리 땅이 넓어서 그런 것도 아니고 우리나라 사람들의 체구가 그들보다 큰 탓일 리도 없습니다. 턱없이 큰 것만을 좋아하는 우리네의 허영 때문입니다. 선진국에서는 고급승용차를 택시로 쓰고 자가용은 작은 차를 사용하는 것이 일반화되어 있습니다. 우리와는 거꾸로입니다. IMF 위기를 겪은 이 작은 나라에서 중소형 자동차보다 대형 승용차나 외제차가 더 잘 팔린다고 합니다. 운전자 한 사람만 타고 다니는 대형 승용차들 때문에 원래도 비좁은 도로와 주차장이 더욱 좁아지고 있는데도 말입니다.

교회나 교단도 마찬가지입니다. 대형교회의 당회장이라는 큰 자리가 한동안 부자세습 문제로 얼마나 시끄러웠던가. 또 교단의 총회장 자리를 '높고 큰 자리'가 아니라 '섬기며 봉사하는 작은 자리'로 여길 줄 안다면, 과연 해마다 수억 원씩의 선거 비용이 은밀히 뿌려진다는 믿지 못할 소문이 떠돌아다닐 수 있을까. 작고 가난한 교회라면 이런 일이 벌어졌을까 생각하면 "나는 왜 그리스도인이 아닌가?"라고 떳떳하게 외친 러셀 같은 사람들 앞에서 얼굴 들기가 부끄럽습니다.

온 나라가 외자유치로 경제도약을 꿈꾸던 1970년대에 실제로 있었던 일입니다. 독일의 한 유수한 기업인이 외자유치를 요청한 한국 회사 사장의 초청을 받아 그 사장의 집에서 하룻밤을 묵게 되었습니다. 그런데 다음날 아침, 이 독일 기업인은 한국 회사 사장에게 이런 말을 남기고 그냥 독일로 돌아가 버렸습니다.

"나는 아직도 10년이 넘은 폭스바겐을 타고 침실 세 개짜리 집에서 17년째 살고 있는데, 당신은 어떻게 최신 독일제 벤츠를 타면서 침실이 몇 개인지도 모를 호화로운 대저택에서 살고 있는지 이해가 되지 않습니다. 당신이 내 돈을 빌릴 게 아니라, 오히려 내가 당신 돈을 빌려야겠습니다."

이것이 우리의 슬픈 자화상 아닐까. 이 독일 기업인이 내뱉은 한마디는 내실 없이 겉만 번드르르한, 속 빈 강정 같은 우리의 모습을 반영하는 섬뜩한 충격이 아닐 수 없습니다.

〈영웅〉교향곡의 작은 마디 하나, 다윗의 작은 물맷돌 하나, 삼손의 작은 당나귀 턱뼈 하나, 잃어버린 어린양 한 마리, 우리 곁에 웅크리고 앉아 있는 작은 이들…. 그들의 작지만 절절한 아픔들, 눈에 띄지 않는 작은 공동체와 그들의 숨은 봉사, 감춰진 사랑의 작은 실천들, 잔잔한 감동으로 가슴 저며오는 삶의 작은 모범들….

큰 것만을 좇는 허망한 눈을 버리고 이렇게 작은, 그러나 소중하고 아름다운 것들을 투명하게 살필 줄 아는 '성찰의 눈'을 번쩍 떠야 할 때가 아닌가.

어머니의 속삭임

변화가 시대의 트렌드처럼 인식되고 있는 이즈음,
내 얼과 숨결의 원천인 어머니의 애잔한 속삭임이
저 멀리 앞장서 말을 달리는 개척자의 호령처럼
내 게을러터진 영혼을 마구 흔들어 일깨웁니다.

지금 있는 것이 이미 있던 것이고, 앞으로 있을 것도 이
미 있는 것이다. 하나님은 하신 일을 되풀이하신다. _전도
서 3:15

'고칠 개改'자는 자기를 뜻하는 '몸 기己'와 '아비 부父'의 합성어입니다. 늙은 아비 세대만으로는 개혁이 어렵다는 뜻일까. 개혁은 분명 젊은 세대의 몫입니다. 그러나 경험도 없고 경륜도 모자라는 젊은 세대가 의욕만 앞세워 홀로 주도하는 개혁은 자칫 공동체를 갈가리 찢어 상처투성이로 만들 우려가 너무 큽니다.

솔로몬의 뒤를 이은 르호보암 왕은 노신老臣들을 물리치고 젊은 개혁파를 중용하여 국정을 혁파하려 했지만 그 결과는 왕국의 분열이라는 엄청난 불행으로 나타났습니다(열왕기상 12:6-17). 아비 세대가 이어온 법통法統과 보편성의 원리를 깡그리 부정하는 것은 혁명이나 개벽은 될지 몰라도 개혁은 분명 아닙니다.

아버지와 아들이 함께 주체가 되는 개혁, 그것이 '고칠 개改'자에 담긴 개혁의 의미 아닐까. 아버지 세대는 개혁의 대상이 아니라 개혁의 동반자가 되어야 한다는 뜻입니다.

나는 改자에 쓰인 '아비 부父'를 아버지만이 아니라 어머니를 포함하는 '어버이'의 뜻으로 새깁니다. 종종 엉뚱한 생각을 하는 나는 '자기 기己'와 '어미 모母'를 합쳐서 세상에 없는 '己母'자 하나

를 허공에 써봅니다. '아비 부父'가 뿜어내는 완고한 인습과 권위, 그 가부장적인 보수의 이미지로는 개혁의 뜻에 잘 부합되지 않는 듯한 느낌이 들기에 아버지를 어머니로 살짝 바꿔보고 싶은 것입니다.

남성의 적극성·능동성·강인함만이 개혁의 원동력은 아닙니다. 때로는 수동적이고 온화한 여성성도 놀라운 변화의 힘이 되곤 합니다. 그리스도의 부활을 맨 처음 체험하고 전파한 사람은 전력이 수상한 여인 막달라 마리아 아니었던가.

21세기의 특성을 '3F'(Feeling, Fiction, Female)로 내다본 미래학자 존 나이스비트의 예견은 전 세계에 유행처럼 번져가는 여성 대통령, 여성 총리, 여성 CEO들의 등장으로 이미 현실화되었습니다.

멀리 딴 나라로 갈 것도 없습니다. 우리의 국회와 내각과 여야 정당들, 사회 각 단체들에서도 상당수의 여성 지도자들이 종래의 우중충한 색깔을 크게 바꿔가고 있는 중입니다. 역차별을 투덜거리는 못난 남성들이 늘어나고 있을 만큼.

미래학자들은 정보와 지식이 넘쳐나는 21세기가 문화와 감성의 시대로 변화해갈 것이라는 데 별 이견이 없습니다. 이것을 나이스비트는 '하이터치'라고 표현했는데, 한마디로 '최고의 서비스와 기술이 집약된 하이테크에다 따뜻한 감성의 숨결을 불어넣은 한 차원 높은 문화'라고 말할 수 있습니다. 하이테크가 남성적 이성으로부터 나온 것이라면 하이터치는 여성적 감성, 그 섬세한 '배려의 마음씨'로부터 더욱 선명하게 뿜어져 나옵니다.

도덕적이되 독선적이지 않고, 전향적이되 배타적이지 않으며, 열정적이되 강압적이지 않고 도리어 정감 어린 눈길로 주변을 따뜻하게 돌아볼 줄 아는 '사람 내음 물씬한 개혁'의 성공을 위해 나는 지금 또 엉뚱한 여성성 한 가지를 꿈꿔보는 중입니다. 늘 새로운 것만을 추구하는 남성적 모험주의의 디지털 문명을 엄히 꾸짖는 옛 것들, 섬세한 배려의 마음씨가 소곳이 묻어나는 우리 할머니·어머니들의 기품 있는 아날로그 문화 말입니다.

어머니는 나에게 언제나 '따뜻한 보살핌'의 이미지로 살아 있습니다. 어려웠던 시절, 내 어머니는 어느 시인의 말처럼 '당신이 모처럼 만들어내온 맛깔스런 식탁 앞에서 갑자기 입맛이 없어지곤 하는 분'이었습니다. 돌이 갓 지난 나를 등에 업고 신의주에서 부산까지 수천 리를 걷고 또 걸어 피난을 가야 했던 그분, 한겨울에도 차디찬 우물물을 길어 올려 손빨래를 하며 온 가족의 옷을 손수 지어 입히시던 그분의 입에서 '못살겠다, 힘들다, 귀찮다'는 따위의 말이 새어나오는 것을 나는 한 번도 들어본 적이 없습니다. 깊은 밤 어쩌다 눈을 뜨면, 어머니는 언제나 내 곁에 엎드려 무슨 말인지 모를 낮은 속삭임으로 늘 기도를 드리고 계셨습니다.

아니, 나는 그 속삭임이 무슨 말인지 압니다. 그때는 들리지 않았지만 지금은 내 귀에 또렷이 들려옵니다. 뼛속까지 켜켜이 틀어 박힌 당신의 아픔은 쏙 빼놓고 온통 자식과 이웃들에 대한 안타까운 배려의 호소로 충만했던 그 속삭임을….

아아, 내가 세상에 태어나 최초로 만난 사람, 내 생애 최초의 2인칭인 어머니라는 부름씨呼稱를 나는 피멍든 가슴처럼 아파오는 그리움 없이는 차마 혀끝에 올리지 못합니다. 완고한 집안의 장손이셨던 아버지는 마침내 어머니를 따라 세례를 받았고, 그 뒤 온 집안이 그리스도인이 되었습니다. 어머니는 큰 소리 한 번 지르지 않고 시집 전체를 바꾸어놓았습니다. 낮은 속삭임으로 고요히 이뤄낸, 그러나 확고하고 튼실한 변화였습니다.

아들이 사들여온 새 자동차를 놔둔 채 어머니는 차멀미가 있다면서 웬만한 거리는 굳이 걸어 다니시곤 했습니다. 자동차의 배기가스가 생태계를 파괴하는 주범이라는 환경론자들의 각성은 내 어머니의 차멀미 핑계보다 훨씬 늦습니다.

골프니 에어로빅이니 헬스클럽이니 별의별 것 다 해본 후에야 "걷는 것보다 더 좋은 운동이 없더라"는 결론에 이르게 된 요즘 건강론자들의 깨우침도 평생을 걸어 다니셨던 내 어머니의 가녀린 두 다리보다는 둔해도 너무 둔한 편입니다.

고故 최명희가 쓴 《혼불》만큼 우리네의 서정성과 향토성을 최고조로 묘사하고 있는 문학도 없습니다. 청암부인과 함께 등장하는 정겨운 옛 것들―연두 곁마기, 다홍 겹치마, 열두 폭 대무지기, 여덟 폭 곁풍무지기, 여섯 폭 연봉무지기, 모시 분홍 속적삼, 노랑 속저고리, 저고리 삼작, 빗치개…. 마치 거대한 민속박물관 같습니다.

봉건사회의 귀족취미라는 비아냥거림도 없지 않지만, 세계 속의 경쟁에서 가장 민족적인 것들로 승부를 걸어야 하는 이 시대에, 혼불의 옛 것들은 결코 촌스러운 골동품이 아닙니다. 국수적인 민족감정에서 하는 말이 아닙니다. 우리 할머니·어머니들로 이어져 내려온 겨레의 넋과 숨결은 세계 앞에 당당히 내어놓을 아름다운 문화자산이며, 퍼내고 퍼내도 다함이 없이 늘 새롭게 솟아나는 맑은 정신의 샘입니다. 우리 어머니들의 숨결을 빼버린 개혁은 얼빠진 개혁이요, 그 얼과 넋을 내팽개친 시대정신은 그야말로 '정신 나간 시대정신der Geistlos Zeitgeist'에 불과합니다.

어머니는 이미 고인이 되셨지만, 그분의 속삭임은 새로움을 거부하는 구닥다리가 아닙니다. 시대를 훌쩍 앞서가는 새 목소리로 가까이 다가옵니다. 마치 구약성서의 비밀을 엿듣는 것 같습니다. "지금 있는 것이 이미 있던 것이고, 앞으로 있을 것도 이미 있는 것이다. 하나님은 하신 일을 되풀이하신다"(전도서 3:15).

변화가 시대의 트렌드처럼 인식되고 있는 이즈음, 내 얼과 숨결의 원천인 어머니의 애잔한 속삭임이 저 멀리 앞장서 말을 달리는 개척자의 호령처럼 내 게을러터진 영혼을 마구 흔들어 일깨웁니다. 아마도 '개改'자의 딱딱한 '아비 부父'를 부드러운 '어미 모母'로 바꾸고 싶은 내 엽기적(?)인 욕망을 아시기 때문인지, 아니면 무엇이든지 바꾸고 어떻게든지 뒤엎지 않으면 성이 차지 않는 어떤 젊은이들에게 행여 오만한 권력의 완장까지 척 걸쳐주지나 않을까 하는, 부질없는 노파심 때문인지는 모르지만….

개혁,
사랑에의 의지로

폐일언하고, 이 모든 논란에 성서는
단 한마디로 종지부를 찍습니다.
"성도는 그리스도의 신부다"(요한계시록 21:9).
동성애자를 제외하고, 신부는 모두 여성입니다.
하나님 앞에서 인간은 모두 여성적입니다.

> 세리와 창녀들이 오히려 너희보다 먼저 하나님의 나라에
> 들어간다. _마태복음 21:31

인류역사가 반드시 진보와 개혁의 길을 옹골차게 걸어왔는지는 논란의 대상이 될 수 있지만, 성서의 역사만은 '끊임없는 개혁정신의 궤적'임을 나는 믿습니다. 천지창조 자체가 '카오스chaos'에 대한 '코스모스cosmos'의 혁명적 도전이었고, 모세의 이집트 탈출은 모든 해방운동의 선구적 개혁이었으며, 뭇 예언자들의 활동과 역량은 오직 하나의 목표, '우상으로부터의 자유'라는 위대한 영적 개혁에 초점이 맞추어졌습니다.

예수는 유태교의 율법으로 대표되는 영혼의 사슬을 끊고 '하나님과 인간의 자유로운 만남'이라는 전무후무한 영혼의 갱신을 위해 십자가에 달렸습니다. 바울의 생애는 헤브라이즘과 헬레니즘, 그 거대한 두 사상의 산맥을 정복하는 개혁의 도정途程에 다름 아니었으며, 묵시문학의 절정인 '새 하늘과 새 땅'은 '옛 하늘과 옛 땅'을 최종적으로 개혁하는 성서의 이상향입니다(요한계시록 21:1).

성서의 개혁정신 속에서 나는 언제나 신비로운 여성성이 따뜻하게 자리 잡고 있는 것을 봅니다. 하나님의 생명 창조는 자식을 낳아 기르는 모성의 원형이며, 모세의 출애굽 해방의 역사는 세 여

인―어머니 요게벳, 누이 미리암, 양어머니인 이집트 공주의 만남으로부터 시작됩니다. 여인과 아이들을 인격적 교류의 대상으로조차 여기지 않던 고대 동방세계에서 예수님은 여성의 지위를 영적 친교의 반려자로(마태복음 27:56), 영원한 어머니의 상으로(요한복음 19:27), 그리고 부활의 참여자로(마가복음 16:9) 한껏 드높였습니다.

누가 성서를 남성우월주의의 소산이라 말하는가. "여자는 남자에게 복종하라, 아내들은 남편에게서 배우라, 여자는 교회에서 잠잠하라"는 구절들 몇 개(골로새서 3:18; 고린도전서 14:34-35)를 골라내어 성서 전체에 뒤집어씌우는 이 부당한 혐의를 나는 참을 수 없습니다. 내가 아는 한 이 구절들은 여성의 영성이나 인격을 비하하는 일반적 교훈이 아니라 특정 시대, 특정 교회의 특수성을 고려한 현실적 권유일 따름입니다. 속 좁은 남정네들이 알량한 가부장적 권위를 지키기 위해 함부로 써먹어도 좋을 핑계거리는 더욱 아닙니다. 성서는 도리어 양성평등을 멀리 뛰어넘는 분명한 여성적 가치관을 깊숙이 품고 있습니다.

하나님 나라에 대한 예수님의 감동적인 비유들(잔치의 비유, 잃어버린 은전 한 닢, 맷돌을 돌리는 두 여인, 가루 속의 누룩)은 모두 여성의 삶과 밀접한 관련이 있습니다. 예수님은 전통적으로 멸시의 대상이던 사마리아 여인을 멀건 대낮에 스스로 찾아가 만났고(요한복음 4:5-26), 심지어 "창녀들이 대제사장이나 경건한 장로들보다 먼저 하나님의 나라에 들어갈 것"(마태복음 21:31)이라는 폭탄선언을 하기도 했습니다.

　이 선언은 율법적 도덕성의 허위의식을 폭로하는 영성의 울림만이 아닙니다. 남성적 권위의 위선을 무너뜨리는 장엄한 인간회복의 선언이기도 했습니다. 이보다 더 두터운 터부taboo를 깨뜨린 신앙의 개혁을 나는 아직 알지 못합니다.

　'하나님 아버지'라는 남성 호칭이 역겨워 하나님을 '어머니'라든가 '어버이'로 부를 것을 요구하는 지나치게 민감한 주장에 동조할 생각은 없지만, '하나님 아버지'는 다른 모든 신의 이름들처럼 불완전한 호칭입니다. 신의 호칭은 어차피 은유일 수밖에 없는데, 신에 대한 은유는 부분적이고 불완전합니다. 그래서 12세기의 마이모니데스Moses Maimonides는 하나님을 '어떤 분'이라고 적극적으로 정의할 수 없으며 단지 '어떠하지 않은 분'이라는 부정적 묘사만이 가능하다는 부정신학apophatic theology을 주장했습니다.

　마이모니데스에 따르면 "하나님은 선하시다"라는 말조차 할 수 없습니다. 우리가 인식하고 있는 부분적인 선으로써 하나님의 완전한 선을 표현할 수 없기 때문입니다. 우리는 다만 "하나님은 악하지 않으시다"라고 말해야 한다는 것입니다.

　예수는 하나님을 '아버지'라는 정격호칭正格呼稱보다 '아바$\alpha\beta\beta\alpha$'라는 어린이의 말투로 부르기를 더 즐겨했는데(마가복음 14:36), 아람어의 '아바'는 우리 아이들의 '아빠'라는 말과 정확히 일치합니다. 어린아이가 아는 아버지는 부분적인 모습일 수밖에 없습니다. 예수님의 '아바'라는 호칭은 "인간이 아는 하나님은 부분적일 수밖에 없다"는 것을 암시하는 하나의 유비가 아닐까. 그렇다면 '아바'는 부분적인 신지식을 자인하는 겸손의 표현이 되겠습니다. 그렇지 않더라도, '아바'가 여성에 대립하는 남성적 신관의 표명이 아닌 것만은 분명합니다.

남자가 여자보다 먼저 창조되었다는 창세기의 기록에서 남성의 우월적 지위를 찾아보려는 것만큼 코믹한 넌센스도 없습니다. 신의 천지창조 순서는 무생물에서 생물로, 식물에서 동물로, 하등생물에서 고등생물로 이어지는 일종의 진화적 모델을 취하고 있습니다(창세기 1:2-28). 보다 나중에 창조된 것이 더 우월하다면, 남성보다 나중에 창조된 여성이 더 우수한 존재가 아닐까. (여성시대에 살아남으려고 발버둥치는 낯간지러운 여성 찬가의 아부로 받아들여지지 않기를….)

폐일언하고, 이 모든 논란에 성서는 단 한마디로 종지부를 찍습니다. "성도는 그리스도의 신부다"(요한계시록 21:9). 동성애자를 제외하고, 신부는 모두 여성입니다. 하나님 앞에서 인간은 모두 여성적입니다.

신학자들의 영역에 감히 얼룩을 남길 생각은 없습니다. 다만 남성적 권위와 힘, 그 뻣뻣한 '권력에의 의지 Wille zur Macht'를 내뿜으며 시대정신으로 등장한 '개혁'의 열정이 으스스한 칼날이 아니라 섬세한 여성적 배려, 그 자애로운 사랑의 가슴이 되기를 바라는 마음에서 주제넘게 성경의 여성상을 슬쩍 건드려보았습니다. 권력에의 의지가 아니라 '사랑에의 의지Wille zur Liebe'로 충만한 그리스도의 정신이야말로 모든 개혁의 원형이요 그 종착지가 되어야 하리라 믿기에….

그래서 인문주의 개혁의 선구자 괴테는 '영원히 여성적인 것Die ewige Weibliches'을 그토록 동경했던가.

꿈,
꿀 때와 깰 때

젊은 꿈의 정열을 탄탄히 펼쳐나가기 위해서라도,
어차피 머지않아 무대에서 퇴장할 늙은 세대를
성급히 윽박지르기보다는 겸손의 낮은 자세가
젊은 세대에게 더 절실히 요구됩니다.

> 백발이 성성한 어른이 들어오면 일어서고, 나이 든 어른
> 을 보면 그를 공경하여라. _레위기 19:32

한참 멋진 꿈을 꾸고 있는데 느닷없이 잠을 깨우는 것처럼 미운 짓거리도 없습니다. 요즘같이 삶이 고단하고 팍팍하여 꿈결에서나마 희망을 낚아보려는 체념적인 욕구가 솟아오를 때는 더욱 그렇습니다. 꿈에서는 현실에서처럼 앞을 가로막는 제약이 없기 때문입니다. 로또 열풍이 거세게 불면서 돼지꿈·용꿈·조상꿈에 목말라하는 이들이 늘어나는가 하면, 선거철만 되면 옷깃에 금배지를 다는 출세 꿈에 남몰래 웃음 짓는 이들도 적지 않습니다.

밤 꿈은 과거에 대한 회한의 기억이요 낮 꿈은 미래에 대한 희망의 욕구라는 블로흐Ernst Bloch의 진단이 꼭 맞는 것인지는 의문입니다. 꿈속에서는 과거와 현재와 미래를 거침없이 넘나드는 타임머신이 전혀 신기한 것이 아니니 말입니다.

꿈이란 대부분 황당하기 마련이지만, 꿈이 늘 환영이거나 착각인 것만은 아닙니다. 꿈은 수면 속에서의 경험이요 또 하나의 의식 활동입니다. 꿈속에서의 일은 곧 세상 속에서의 일입니다. 프로이트의 해석처럼 "의식 속에서 억압되어 무의식의 층으로 밀려났던 불안과 두려움의 대상이 잠 속에서 갖가지 모습의 변형으로 표출

된 것"일 수도 있고, 융의 해석처럼 "인류가 보편적으로 지녀온 집단무의식의 원형이 상징으로 나타난 것"일 수도 있겠습니다. 어떤 경우이든 꿈은 '의식의 그림자'임이 분명합니다. 그래서인지는 몰라도, 어리석은 사람은 꿈이 적고 의식활동이 왕성한 사람일수록 꿈이 잦다고 합니다.

우리는 모두 꿈을 꿉니다. 명저 《촛불 La flamme d'une chandelle》을 쓴 바슐라르G. Bachelard는 "꿈은 사람의 출생과 동시에 시작된다"고 말했거니와, 세상의 모든 사람들은 현실의 세계를 살아가듯 또 그렇게 꿈속에서 살고 있습니다. 호접몽蝴蝶夢을 꾼 장자의 말마따나, 삶이 꿈인지 꿈이 삶인지 모를 일입니다.

인생이 꿈이듯 예술도 꿈입니다. 시와 소설은 물론이고 음악과 미술작품들도 모두 꿈꾸는 예술혼의 결정체입니다. 플로토F. V. Flotow의 아리아 〈꿈과 같이 M'appari tutt'amor〉나 포레G. Fauré의 가곡 〈꿈을 따라서 Apres un Reve〉만큼 꿈결 같은 노래도 없습니다. 베를리오즈L. H. Berlioz의 〈환상교향곡〉은 연인을 잃은 한 예술가가 절망 끝에 마약을 마시고 환각상태에서 본 기괴한 꿈을 1악장 '꿈과 정열'에서부터 5악장 '축제일 밤의 마녀의 꿈'에 이르기까지 일련의 꿈 이야기로 그려낸, 그야말로 몽환적인 표제음악의 걸작입니다.

영화 〈반지의 제왕〉처럼 거대한 관중을 몰고 다니는 현대의 영상예술은 꿈의 표현이라기보다 꿈 그 자체인 경우가 많습니다. 꿈의 세대인 젊은이들이 열광하는 것은 당연합니다. 젊은이의 꿈은 아름답습니다. 사랑이 있고 정열이 있고 그리고 소망이 있습니다. 짝사랑의 열병을 톡톡히 앓아본 사람이라면 못내 그리운 연인의 모습을 꿈속에서라도 한번 만나보고 싶어 안달했던 젊은 날의 기억을 보석처럼 간직하고 있기 마련입니다.

젊은이가 대통령 취임선서를 하는 꿈을 꾸었다고 자랑하는 것은 꽤나 유치하지만 "지난 밤 꿈에 광개토왕의 갑옷을 입고 만주 허허벌판에 말을 달렸다"는 젊은이가 있다면, 만사 제치고 찾아가 밤새도록 함께 고구려를 이야기하고 싶습니다. 꿈은 개인의 신화요 신화는 민족의 꿈이라 하지 않았던가.

그러나 젊은이의 꿈이라고 해서 언제나 아름답기만 한 것은 아닙니다. 현실의 토양에 뿌리내릴 수 없는 꿈은 이상이 되지 못하고 공상이나 환각에 그치는 경우가 많습니다. 꿈이 꼭 실제적이거나 윤리적일 필요는 없지만, 비록 변형되고 왜곡된 모습일망정 개연성의 끄나풀은 실낱만큼이라도 있어야 해몽이 제 값을 하는 법입니다. 역사의 쇄신과 시대정신의 정화를 소망하는 개혁의 꿈이라면 더욱 그렇습니다. 실현가능성이 희박한 꿈에다 개혁의 명운을 걸 수는 없는 노릇이기 때문입니다.

청나라에 구걸하듯 의존하던 집권 사대당의 무능을 타파하고 일본의 메이지 유신을 모델로 나라를 개혁하려던 구한말의 갑신정변은 개화당의 선각자인 김옥균, 박영효, 서재필 등이 주도한 근대적 개혁운동의 효시였지만, 개혁의 당위성과 시급성에만 집착한 나머지 청·일의 힘과 국제정세의 현실을 면밀하게 살피지 못한 탓에 위안스카이袁世凱의 청군淸軍에 의해 사흘 만에 진압되고 말았습니다. 개혁의 부푼 꿈이 피바람 부는 살육의 3일 천하로 막을 내린 이후, 사대당은 더욱 보수화되어 청·일 양국의 조선 쟁탈전이 본격화되기에 이릅니다. 성급하게 칼을 꺼내든 젊은 꿈이 칼로써 그 비극적 종말을 맞은 셈입니다.

이상을 지향하는 젊은 세대의 꿈이 번번이 실패로 귀결되는 것은 기성세대의 반동적 억압 탓인 경우도 많지만, 신세대의 꿈이 지닌 내재적 결함 때문인 경우도 그만큼 많습니다. 내재적 결함이란, 이념의 과잉이 토해낸 독선의 도그마와 그에 따른 배타성의 오만을 말합니다.

반면에, 전혀 참신하지 않은 어른들의 꿈이 때로는 혁혁한 개혁의 성과를 이끌어내는 경우도 더러 있습니다. 국왕 제임스 2세의 전횡에 맞서 '권리선언'과 '권리장전'으로 의회정치의 기초를 마련한 17세기 영국의 명예혁명은 의회와 정당의 지도자들 그리고 캔터베리 대주교 등 당시 국가와 사회의 원로들이 주도해서 이뤄낸 기념비적 개혁이었습니다.

젊은이의 꿈에는 역동적인 정열과 힘이 있습니다. "젊은이의 자랑은 힘이요, 노인의 영광은 백발이다"(잠언 20:29). 젊은이의 힘은 백발의 영광으로도 다시 찾지 못할 부러운 덕목입니다.

그러나 아무리 힘 있는 젊은이라도 앞선 세대를 향해서는 겸손할 줄 알아야 한다는 것이 세상과 인간을 창조한 신의 섭리입니다.

"백발이 성성한 어른이 들어오면 일어서고, 나이 든 어른을 보면 그를 공경하라. 너희의 하나님을 두려워하라"(레위기 19:32). 어른에 대한 공경을 마치 하나님 두려워하듯 하라는 명령은 신앙의 계명(출애굽기 20:12)일 뿐 아니라 현실적 삶에서의 형통을 보장하는 하나님의 약속이기도 합니다(에베소서 6:2).

젊은이들은 꿈을 내세우지만, 노인들은 젊은이보다 훨씬 더 많은 꿈의 경험을 가지고 있습니다. '누가 꾼 꿈이냐'가 아니라 '어떤 꿈이냐'가 중요한 의미를 가집니다. 나아가, 꿈을 실현해가는 자세와 인격의 어떠함이야말로 개혁의 성공 여부를 가늠하는 긴요한 열쇠가 됩니다.

어느 정치인의 말대로라면 영국의 명예혁명은 '집에서 쉬어야 할 노인네'들이 손에 피 한 방울 묻히지 않고 만들어낸 '혁명답지 않은 혁명'이었지만, 마그나 카르타Magna Carta와 함께 오늘날까지 '영국 헌법의 바이블'로 불리는 민주정치체제의 근간으로 자리 잡고 있습니다. 꿈보다 경험의 값어치가 더 빛났기 때문입니다.

시대정신을 대변하는 젊은 입술에 당위성의 오만이 그득 실려있다면, 그 힘센 팔에 도그마의 시퍼런 칼마저 들려 있다면, 본의 아니게 상처투성이의 갈등만 잔뜩 불러일으킬 우려가 너무 큽니다. 역사의 한결같은 증언을 봐도 그렇습니다. 개혁의 성공을 위해 매우 불행한 일입니다.

젊은 꿈의 정열을 탄탄히 펼쳐나가기 위해서라도, 어차피 머지않아 무대에서 퇴장할 늙은 세대를 성급히 윽박지르기보다는 겸손의 낮은 자세가 젊은 세대에게 더 절실히 요구됩니다. 멋진 꿈을 깨우는 짓은 얄밉기 그지없지만, 아무리 훌륭한 꿈이라도 깨우지 않으면 안 될 때가 있는 법이기에.

신 7대 죄악의 경고

바티칸의 '신 7대 죄악'이 예수의 부활을 앞둔 사순절 기간에 발표된 것은 의미심장합니다. 그것들 모두가 삶을 유린하고 생명을 농락하는 '죽음의 문명 놀음'에 다름 아닐 터이기에.

나는 오늘 하늘과 땅을 증인으로 세우고, 생명과 사망,
복과 저주를 너희 앞에 내놓았다. 너희와 너희의 자손이
살려거든, 생명을 택하여라. _신명기 30:19

　환경파괴, 윤리적 논란의 소지가 있는 과학실험, DNA 조작과 배아줄기세포 연구, 마약거래, 소수의 과도한 축재, 낙태, 소아 성애…. 지난달 로마 교황청이 발표한 '세계화 시대의 신 7대 죄악'입니다. 교황청은 이들 신 7대 죄악을 지옥에 이르는 치명적 죄악, 회개가 필요한 세계화 시대의 범죄'로 규정했습니다.

　신 7대 죄악은 6세기에 그레고리우스 교황이 탐식, 탐욕, 나태, 색욕, 교만, 시기, 분노 등을 7대 죄악으로 규정한 지 1500년 만에 시대적 변화상을 감안하여 교황청이 새로이 내놓은 21세기의 중대 범죄입니다.

　가톨릭에서는 죄를 '용서받을 수 있는 가벼운 죄'와 '죽음에 이르는 대죄大罪'(요한1서 5:17)로 나눕니다. 대죄는 죽기 전에 반드시 회개해야 하며, 죽을 때까지도 회개하지 않으면 지옥의 영원한 멸망에 떨어지게 된다고 합니다. 독실한 가톨릭교도였던 단테는 신곡 지옥편을 이 7대 죄악에 따라 써내려갔습니다. 종래의 7대 죄악은 개인과 개인 간의 범죄인 데 비해 신 7대 죄악은 대체로 사회 공동체에 악영향을 미치는 반사회적 범죄라고 할 수 있습니다.

환경파괴를 신 7대 죄악의 첫째로 꼽은 바티칸의 문제의식은 매우 적실합니다. 과도한 온실가스 배출로 인한 오존층 파괴와 그에 따른 기후변화는 지구촌 곳곳에 극심한 가뭄이나 홍수의 재난을 불러 일으킬 뿐 아니라 극지의 빙하마저 녹여내려 해양생태계를 심각하게 교란하고 있습니다.

  오랫동안 문명의 에너지 역할을 톡톡히 해온 화석원료의 사용을 시급히 절제하지 않는 한, 또 산을 허물고 숲을 파헤치며 강과 바다를 손쉽게 메워버리는 난개발을 멈추지 않는 한, 인간을 비롯한 뭇 지구생명체의 후손들은 '인위적 자연재난'이라는 기막힌 모순의 생태환경 속에서 처절한 삶을 겪어내야 할지도 모릅니다.

  마약의 폐해는 두말할 필요도 없습니다. 문제는 최근 중남미와 중동, 중국, 서남아시아 등지에서 마약의 재배와 밀매가 급증하고 있는 현실입니다. 일부 지역에서는 정부가 직접 마약거래에 관여하고 있다는 믿지 못할 고발도 끊이지 않습니다. 베네수엘라의 차베스 정부는 인접 콜롬비아의 좌익 무장 게릴라가 지배하는 지역에서 코카인을 반입하여 가공·밀매한다는 국제적 의혹에 직면해 있고, 볼리비아의 모랄레스 대통령은 코카인의 원료인 코카 재배를 합법화하자는 주장을 굽히지 않고 있습니다. 국제적 마약거래에 북한도 한몫을 하고 있다니 더욱 한탄스럽습니다.

  DNA 조작과 배아줄기세포 연구의 위험성에 대한 우려는 이미 심각한 수준에 다다랐습니다. 얼마 전 영국 뉴캐슬 대학의 연구팀이 인간의 유전자와 소의 난자를 결합한 '소-인간' 복제배아 키메라를 만드는 실험에 성공했는데, 이 반인반우半人半牛의 괴수는 3일 동안 숨을 쉬다가 죽었다고 합니다. 과학계는 난치병 치료에 중대한 진보라고 탄성을 올리는 반면, 종교계는 '인간의 존엄과 생명 가치를 공격하는 프랑켄슈타인의 실험'이라고 맹비난을 퍼붓고 있습니다.

목적이 결과를 정당화하지 못합니다. 인간의 질병을 고치겠다는 선한 목적이 신의 영역을 침범하는 행위에 면죄부를 줄 수 없다는 신학적 논거는 일단 접어두더라도, 당초의 순수한 목적이 언제까지나 그대로 유지된다는 보장은 전혀 없습니다.

악의 화신인 히틀러를 패망시켜야 한다는 사명감으로 원자탄 개발에 참여했던 독일의 물리학자 오펜하이머 Robert Oppenheimer는 최초의 원자탄 실험이 성공하자 "오 하나님, 우리가 지옥을 만들었습니다"라며 탄식했습니다. 정작 히틀러 자신은 원자탄을 맞지 않은 반면 일본의 나가사키와 히로시마 주민 10만여 명이 희생되자, 원자탄의 아버지라고 불리던 오펜하이머는 제 자식격인 원자폭탄과 부자父子의 인연을 끊고 열렬한 핵무기 반대 운동가로 변신했지만, 때는 이미 늦었습니다.

또한 소수의 과도한 축재는 그 자체로 공동체의 비극입니다. 한 사람의 부자를 위해 백 사람의 가난한 이들이 고통을 받는 법입니다. 나눔과 보살핌의 인간애를 외면하는 '부의 편재'는 소외된 계층의 영혼에 지울 수 없는 상처를 깊이 남깁니다. 소외된 삶의 그늘에서 잉태되어 나오는 상당수의 반사회적 범죄들은 과도한 축재를 일삼는 소수 부자들의 반사회적 행태와 결코 무관하지 않습니다.

한편, 가톨릭이 아직껏 아름다울 수 있는 이유 중 하나는 이미 보편화되다시피 한 낙태행위를 여전히 죄라고 꾸짖고 있다는 사실일 것입니다. 하나님의 형상대로 창조된 인간은 수태受胎되는 순간부터 신의 피조물인 생명체이므로 누구도 그 생명을 빼앗을 수 없다는 믿음입니다. 피임마저도 죄로 여기는 가톨릭의 교리를 현실적으로 받아들이는 데에는 심각한 사회적·의학적·유전학적·경제적 문제들이 가로놓여 있지만 생명가치를 존중하는 정신만은 퍽이나 숭고합니다. 숱한 비판과 현실론의 반대에도 불구하고 낙태를 새 시대의 대죄로 규정한 가톨릭의 옹고집에 고개가 숙여집니다.

이즈음 우리사회는 소아성애자들의 변태적 범죄행각에 치를 떨고 있습니다. 열한 살 혜진이와 여덟 살 예슬이를 납치해 죽인 범인이 이웃집 소아성애자라는 것이 밝혀지자, 어린이를 상대로 한 성폭력 범죄자를 사형 또는 무기징역에 처하는 내용의 가칭 '혜진·예슬법'까지 제안되었습니다. 소아성애pedophilia는 주로 사춘기 이전의 어린이에게서만 성적 유혹을 느끼는 성도착의 일종인데, 소아성애는 반드시 범죄를 수반한다는 점에 다른 성도착행위들과 구별되는 위험성이 있습니다. 정상적이고 합법적인 방법으로는 어린아이들과 성애를 나눌 수 없기 때문입니다.

그래서 영국 등 일부 국가에서는 소아성애자들에게 성욕억제 약물을 강제로 주입하는 화학적 거세방안을 검토하고 있을 정도입니다. 그러나 법률도 약물도 소아성애자들의 범죄를 근절할 수 있는 방법은 되지 못합니다. 성욕의 절제는 인격과 성품과 정신에 직결된 문제이기 때문입니다. 가정의 기품, 사회의 풍조, 시대정신, 그리고 무엇보다도 교육계와 종교계가 크게 책임져야 할 대목입니다.

아동학대는 소아성애자의 범죄에 국한되지 않습니다. 지구촌 곳곳에서 일상적으로 자행되는 어린이의 강제노동이나 인신매매는 차마 눈을 뜨고 볼 수 없을 지경입니다.

바티칸이 내놓은 '세계화 시대의 신 7대 죄악'은 21세기 초의 시대적 주류로 등장한 신자유주의에 대한 경고의 의미가 큽니다. 신자유주의는 인류사회의 모든 가치를 시장의 교환 법칙 아래에 두려는 유혹에서 그리 자유로운 편이 못됩니다. 시장의 기능을 절대화하면 재화와 용역은 물론 원초적 자연혜택인 공기와 물과 대지, 정신적 열매인 지혜와 문화와 예술, 우주의 물리적 바탕인 시간과 공간, 그리고 마침내는 사람의 몸과 생명까지도 기어코 상품화하고야 말려는 천민자본주의의 그늘, 그 죽음의 늪으로 떨어질 우려가 없지 않습니다.

바티칸의 '신 7대 죄악'이 예수의 부활을 앞둔 사순절 기간에 발표된 것은 의미심장합니다. 그것들 모두가 삶을 유린하고 생명을 농락하는 '죽음의 문명 놀음'에 다름 아닐 터이기에.

부활을 새롭게 인식하는 영혼의 깨우침이야말로 생명가치를 더욱 두터이 하는 지혜이자 이 각박한 시대를 위로하는 빛이 되리라 믿습니다.

하늘의 뜻과 땅의 생명가치를 거스르면서 하늘의 대기도, 땅의 생태계도 모두 더럽히고 있는 우리 앞에 하나님은 오늘도 엄숙한 양자택일의 과제를 내놓고 계십니다. "내가 오늘 하늘과 땅을 불러 너희에게 증거를 삼노라. 내가 생명과 사망, 복과 저주를 네 앞에 두었은즉 너와 네 자손이 살기 위하여 생명을 택하라"(신명기 30:19).

현재는 없다?

어제를 잊은 사람은 오늘에
성실할 수 없을 뿐더러 내일을 기약하기도 어렵습니다.
과거에 얽매이는 것과 역사의식에 투철한 것은
전혀 다른 것입니다.

> 지금 있는 것 이미 있던 것이고, 앞으로 있을 것도 이미 있는 것이다. 하나님은 하신 일을 되풀이하신다. _전도서 3:15

  우리말은 과거·현재·미래의 시제를 나타내는 어미와 보조어간이 상당히 발달해 있는 편입니다. 과거·현재·미래뿐 아니라 그 분사적 표현과 과거완료·현재완료·미래완료 등의 구분이 매우 정치精緻하고 뚜렷합니다.

  외국인들이 종종 우리말의 현란한 어미 활용에 혼란을 느끼기도 하지만, 어느 정도 익숙해지고 나면 모두들 그 뛰어난 시제구분기능에 혀를 내두릅니다.

  신약성서는 고대 그리스어(헬라어)로 기록되었는데, 이 또한 시제의 구분이 아주 뚜렷한 언어입니다. 그리스어에 정통했던 두 사도, 바울과 요한은 부활 후의 영생과 장래에 있을 최후의 심판을 그리스어의 분명한 미래시제를 통하여 우리 앞에 확연히 드러내주고 있습니다.

  반면에 구약성서의 기록에 사용된 히브리어에는 과거·현재·미래의 시제 구분이 없고 다만 완료형과 미완료형이 있을 뿐입니다. 과거시제를 나타내는 완료형, 미래시제를 나타내는 미완료형만 있고 현재시제는 없는 것입니다.

히브리인들은 완료형으로 과거와 현재완료의 상태를 나타내고, 미완료형으로 현재와 미래의 일들을 표현합니다. 이런 히브리어의 구조에서 나는 매우 흥미로운 현상 하나를 봅니다. 현재를 적극적이고 독립적인 시간 개념으로 파악하지 않고 과거와 미래 사이에 놓인 역사적 교량으로 파악하는 저들의 시간 이해가 자못 의미심장하게 다가옵니다.

히브리어의 시제 구조가 아니더라도, 현재는 엄밀히 말하자면 '없는 시간'입니다. 현재는 시간의 흐름이 아니라 순간의 시각일 뿐이며 그 순간마저도 금방 과거의 시간 속에 함몰되어버립니다. 시간의 흐름 속에는 과거와 미래만 있을 뿐, 현재는 관념 속에만 존재하는 가상의 시간이요 끝없이 소멸되어가는 순간에 지나지 않습니다.

그래서 "과거와 미래는 인간의 시간, 현재는 신의 시간"이라는 말이 성립될 수 있을지도 모르겠습니다. 시간이라는 한계를 모르는 신에게는 과거와 미래의 단절이 있을 수 없으며 인간의 과거와 미래를 한 품에 끌어안는 '영원한 현재'만이 있을 뿐입니다. 시간에 대한 이런 이해는 현재시제를 쓰지 않고 완료형과 미완료형만으로 신과 인간의 역사를 기록하는 히브리어에 가장 잘 나타나 있는 셈입니다.

완료형으로 '과거로부터 오늘까지의 삶의 궤적'을 기록하고 미완료형으로 '오늘과 내일의 꿈'을 그리는 히브리인들은 그 어느 민족보다도 역사의 힘을 굳게 믿어왔습니다. 구약성서의 3분의 1 가량이 역사서인 것만 보아도 이를 넉넉히 알 수 있습니다.

광야의 이스라엘 백성들에게 과거의 애굽이나 미래의 가나안은 안정 또는 번영의 확실한 정착지였지만, 오늘의 광야는 앞길을 예측할 수 없는 불확실한 시간이요 머물러 있을 수 없는 불모지였습니다. 그들은 '오늘의 광야'에 안식할 수 없었습니다. 이스라엘에게 오늘은 다만 과거의 애굽에서 미래의 가나안으로 연결되는 기나긴 통로였을 뿐입니다. 그것이 이스라엘의 현재입니다. 그것이 또한 최후의 안식(히브리서 4:9)을 향하여 전진하는 오늘의 광야(사도행전 7:38)이기도 하겠습니다.

어제를 잊은 사람은 오늘에 성실할 수 없을 뿐더러 내일을 기약하기도 어렵습니다. 과거에 얽매이는 것과 역사의식에 투철한 것은 전혀 다른 것입니다.

현재는 '없는 시간'이고 미래는 '아직 실현되지 않은 시간'이라면, 우리가 확실히 지닌 시간은 지나간 날들의 역사일 뿐입니다. 과거의 역사를 바탕으로 해서 오늘의 시간이 흐르고, 오늘의 흐름 저편 끝에 내일이 기다리고 있습니다. 올바른 역사 이해, 명징한 역사의식이 요구되는 이유입니다.

시간을 역류하여 과거로 회귀하는 것은 어리석은 수구적 자세에 불과하지만, 과거를 오늘의 바탕으로 삼고 지나온 삶의 궤적을 내일을 향한 흐름의 원천으로 이해하는 것은 투철한 역사의식에서 나오는 삶의 지혜입니다. 그러기에 옛 현인은 "지금 있는 것이 이미 있던 것이고, 앞으로 있을 것도 이미 있는 것이다. 하나님은 하신 일을 되풀이하신다"고 말합니다(전도서 3:15).

지나간 역사 속에서 오늘의 지혜를 찾아내지 못하는 사람이나 공동체는 미래를 그르치기 십상입니다. 지난날들의 회오와 부끄러움을 깡그리 잊은 채 내일의 꿈에만 흠뻑 젖어 있는 것처럼 어리석은 일도 없고, 어제의 과오와 오늘의 왜곡된 삶을 고치지 않은 채 엉뚱하게 내일의 밝은 꿈만을 꾸고 있는 것처럼 기만적인 일도 없으리라. "우리가 역사에서 배우는 것은, 인간은 역사에서 아무것도 배우지 않는다는 것"이라는 어느 역사학자의 자조가 예사롭게 들리지 않습니다.

현재는 그 자체로 완결된 폐쇄적 시간이 아닙니다. 그것은 과거의 역사와 미래의 소망을 한 품에 껴안고 있는 개방적이고 동태적動態的인 생명의 호흡입니다. 어제 없이 오늘 없고, 오늘 없이 내일 없습니다. 오늘 속에 어제가 있고 '지금 여기 hic et nunc' 안에 내일의 꿈이 녹아 흐르고 있습니다.

그렇다면, 현재라는 독립된 시제를 알지 못하는 히브리어에는 역설적으로 오직 현재만이 있는 셈입니다. 히브리어에는 이미 완료된 오늘(과거)과 아직 완료되지 않은 오늘(미래)이 공존하고 있을 뿐입니다.

너무도 잊기를 잘하는 우리의 오늘은 어떤가. 어제의 역사를 꽁꽁 옥죄었던 갈등과 시행착오가 오늘의 정치·경제·사회·문화·종교의 모든 부문에서 그대로 고스란히 계속되고 있는 우리의 현재는 과연 어떠한가. 어제의 회오와 오늘의 부끄러움, 그 사람됨의 뿌리를 고스란히 간직하고 있는 현재이며 또한 그 결실의 꿈을 품고 있는 미래인가, 아니면 어제의 역사와 내일의 소망으로부터 모두 차단된 채 그저 빈곤한 모습으로 홀로 굴러다니는 마른 풀잎 같은 오늘인가.

나는
모릅니다

장미와 벌레는 상극일 만큼 다르지만
그 '다름'은 서로를 차별하는 조건이 아닙니다.
어느 한쪽이 상대방을 비난하거나
심판할 수 있는 조건은 더더욱 아닙니다.

> 사람은 자기의 죄 때문에 악한 것보다 자기의 선 때문에
> 더 악해질 수 있다. _자크 엘륄

바이올린 합주가 일제히 상향선율을 그리며 회오리처럼 뿜어 오르자 첼로와 베이스는 하향선율의 끝 모를 깊이를 향해 마냥 가라앉습니다. 날카로운 금관이 팡파레를 현란하게 터뜨리는 동안에도 현은 그저 고요한 명상의 숲길을 나지막이 산책할 따름입니다. 악보의 흐름만 보면, 이들 두 악기군은 각기 다른 음악을 연주하는 것처럼 보입니다.

그러나 높고 낮은 두 선율, 현란하고 고요한 두 개의 악구는 지금 하나의 음악 속에서 하나의 에필로그를 향해 서로 다가가고 있는 중입니다. '같은' 음악 속에서 '다름'이 클수록 화성의 입체감은 더욱 뚜렷해지고 감동은 배나 깊어갑니다. 통일성 안의 다양함, 다양함 속의 통일성…. 단성單聲의 제창齊唱이 알지 못하는 대위법적 화성의 심오한 세계입니다.

난잡한 창녀도, 동족을 수탈하던 세리도 아무 거리낌 없이 제자로 받아들인 사랑의 인격 예수로부터 '독사의 자식'이라는 섬뜩한 저주를 받은 사람들이 있습니다(마태복음 12:34). 근본주의적 독선에 흠뻑 젖어 있던 종교지도자들, 선악이분법이라는 율법의 칼을

쳐들고 뭇 가난한 영혼들을 난도질해대던 바리새인들입니다. 도덕적으로 흠잡을 데 없이 깨끗했던 그들은 남의 '다름' 곧 도덕적 결함들을 악으로 정죄할 줄밖에 모르는 율법의 노예였습니다.

선악의 분별은 자신의 내면과 구체적 일상의 발걸음을 겸허히 성찰하기 위한 것이지, 남을 판단하고 단죄하기 위한 율법의 기준이 아닙니다.

사람은 항상 선하지도, 또 항상 악하지도 않습니다. 인간은 숱한 모순과 갈등의 골짜기를 방황하는 '과정적 존재'입니다. 어떤 단편적 행위나 몇몇 사건들로 한 인간의 삶과 인격을 통째로 규정해버릴 수는 없는 노릇입니다. 그래서 아마도 선가에서는 분별심을 모든 오류의 근원으로 여기는가 봅니다.

에덴의 낙원에서 선악과를 따먹은 아담과 하와는 선이 무엇이고 악이 어떤 것인지를 구별할 수 있는 분별력을 얻게 되었지만, 하나님은 그들을 질책하며 낙원의 동쪽으로 쫓아냈습니다(창세기 3:1-24). 선악의 분별력이 사랑을 저버리는 율법주의적 증오심으로, 근본주의적 배타성으로, 오만한 선의식善意識으로, 도덕적 경건의 폭력으로 나타날 것을 아셨기 때문일 것입니다.

루소는 "인간은 자유롭게 태어난다. 그러나 모든 곳에서 속박되어간다"고 탄식했습니다. 자연질서Kosmos 속의 자유로움과 인위적 사회체계Taxis 속의 부자유를 대비시킨 말인데, 나는 이 말을 조금 달리 새겨봅니다.

이 땅이 일제의 식민지였을 때 출생한 어른들은 태어나는 순간부터 자유롭지 못했습니다. 성장과정은 두말할 것도 없습니다. 훗날 자유롭게 태어나 자유의 대기를 호흡하며 자라난 후손들과는 출생과 성장과정 모두가 전혀 달랐습니다.

나는 알지 못합니다. 자유의 시대에 출생하여 자유롭게 성장한 후손들이, 태어날 때나 자라날 때나 자유의 어렴풋한 그림자조차 알지 못했던 저 혹독한 속박의 세월을 제대로 상상이나 할 수 있을지를…. 국민소득이 2만불에 가까운 자유민주독립국가의 비만한 국민들이 풀죽으로 보릿고개를 넘겨야 했던 옛 식민지 백성들의 지독한 가난, 그 억압받던 일상을 과연 얼마나 완벽히 이해하고 분석할 수 있을지를….

나는 모릅니다. 민주헌정을 겪어본 적도 없고 주권재민主權在民이란 말을 들어보지도 못했던, 고작해야 왕조의 백성과 식민제국의 억지 신민臣民이 정치적 경험의 전부였던 전근대적 민중의 삶을 현대 입헌민주국가의 주권자인 국민들이 얼마나 제대로 가늠할 수 있을지를….

자신의 과오에 대해 늘 적당한 변명거리를 준비해두고 있는 우리는 남의 잘못에 대해서는 지체 없이 선악의 심판관으로 나서려는 본능적인 경향이 있습니다.

그러나 '선악을 가리는 심판 자체가 이미 악인 경우'를 우리는 너무나 많이 보아오고 있습니다. "사람은 자기의 죄 때문에 악한 것보다 자기의 선 때문에 더 악해질 수 있다"는 자크 엘륄Jacques

Ellul의 통찰을 나는 등골 서늘한 두려움 없이는 차마 되뇌지 못합니다.

정말 모를 일입니다. 한 번의 장렬한 죽음 대신에 기나긴 고통의 생존을 택했던 식민지 백성의 고단한 삶이 이 땅을 얼마나 눈물겹게 지켜왔는지를….

그 오욕의 세월을 깊은 탄식과 가녀린 소망으로 근근이 버티며 살아낸 민초들이 아니었더라면, 과연 오늘의 당당한 심판자들이 오늘의 자유를 호흡할 기회조차 누릴 수 있었을지를….

보들레르의 노래처럼, 태양은 장미와 벌레에게 골고루 생명을 나눠줍니다. 장미와 벌레는 상극일 만큼 다르지만 그 '다름'은 서로를 차별하는 조건이 아닙니다. 어느 한쪽이 상대방을 비난하거나 심판할 수 있는 조건은 더더욱 아닙니다. 이것이 선악이분법을 훌쩍 뛰어넘은 태양의 위대한 점입니다. 태양은 심판을 알지 못합니다. 아니, 심판의 자리를 굳이 사양해왔습니다.

그래서 나는 모르겠습니다. 기나긴 세월, 역사의 애환을 함께 겪어온 태양도 장미와 벌레를 구별하지 않고 빛과 볕을 고루 쏟아붓는 법이거늘, 하물며 비분강개하여 제 배를 가른 적도 없고 폭탄을 안은 채 식민제국의 심장에 뛰어든 일도 없는 훗날의 자유시민들이 노예 같던 옛 신민의 고된 삶을 어찌 올바르게 판단할 수 있을지를….

나는 다 알지 못합니다. 때로는 민족적 울분을 누를 길 없어 소리 높이 '독립 만세'를 외치기도 했다가 또 때로는 모진 목숨 차마 끊지 못하여 침략자들 앞에 마음 없이 굽실거리기도 했던 그 모순투성이의 인간상들이 실은 얼마나 진실한 인격이었는지를…. 그들의 비굴하고 고달픈 하루하루가 또 얼마나 위대한 일상이었는지를….

 아, 정말 나는 모르겠습니다. 태양마저도 한사코 사양하는 심판의 자리에 높이 올라 햇빛보다 더 광명한 선의식으로, 햇볕보다 더 뜨거운 정의의 불길로, 저 암울했던 부조父祖들의 생애를, 그 처연한 고뇌의 인격들을 통째로 분류·심사·판정하려는 무슨 청산위원이라는 사람들의 가슴에는 얼마나 애틋한 사랑의 실핏줄이 흐르고 있는지를…. 그 강파르고 메마른 심판의 목소리 밑에는 또 얼마나 불확실한 신념이, 얼마나 깊은 의혹과 모순이 잔뜩 웅크리고 있는지를….

나는
압니다

무릇 인격체란, 불확실성의 광야를,
갈등과 의혹의 골짜기를 두루 방황하는 모순의 실체이며,
그 일상적 삶 또한 공과功過와 정오正誤가
늘 얽히고설키기 마련인 모순투성이라는 것을.

> 이해하려면 서로 닮아야 하지만, 사랑하려면 서로 달라야 한다. _P. 제럴디

"누구나 성을 내기는 쉽다. 그러나 올바른 대상에게, 올바른 때에, 올바른 정도로, 올바른 방식으로 성을 내는 것은 누구나 할 수 있을 만큼 쉬운 일이 아니다." 아리스토텔레스가 남긴 지혜입니다.

성을 내는 대상이 바르지 못하면 엉뚱한 사람이 상처를 입게 되고, 도가 지나친 화풀이는 그 잘못이 상대의 잘못보다 더 크기 마련입니다. 때와 장소를 가리지 못한 채 벌컥벌컥 성을 내면 정신 나갔다는 말을 듣기 십상이고, 성을 내는 방식이 올바르지 못하면 도리어 반발만 불러일으키고 맙니다.

법정에서 불끈 화를 내는 법관은…참 곤란합니다. 증오의 붓에 분노의 먹물을 찍어 써내려간 판결문은 한낱 휴지조각만도 못합니다. 30년의 내 법관시절 판결문들 속에 그런 과오가 없었는지…. 늘 조마조마합니다. 한 서린 두루마리에 저주의 주문을 불어넣은 역사 서술도 마찬가지입니다.

남을 판단하고 지나간 역사를 평가하기란 그토록 어려운 일입니다. 서릿발 같은 응보형보다 관용과 희망을 담아낸 교육형이 더 적실한 복지사회에서는, 그리고 분열과 갈등을 넘어 화합과 일치를

추구해야 하는 이 시대에는 더욱 그렇습니다.

남에게 성을 내는 이유는 그가 나와 다르기 때문입니다. 그의 말과 생각과 행동이 내 말, 내 생각, 내 행동과 다르기에 화가 치밀어 오릅니다.

그러나 성숙한 인격이라면 '다름'을 비난의 대상이 아니라 사랑의 대상으로 여길 줄 압니다. 다름은 분별의 조건이 아니며 오히려 포용과 사랑의 조건입니다.

한 가정에서도 남편과 아내, 부모와 자녀의 생각이 다르게 마련이고 한 피를 나눈 형제자매라 하더라도 가치관이나 행동양식이 똑같을 수 없습니다. 다름은 '옳고 그름'의 문제가 아니라 '다양성'과 '풍성한 인격'의 표현이기 때문입니다.

사회나 국가도 그럴 것입니다. 같은 시대, 같은 사회를 살아가는 사람들끼리 서로의 다른 점들을 넉넉히 받아들이지 못한 채 상대방을 비난하고 질책하는 길항拮抗의 관계에 빠지면 튼실한 공동체를 이뤄갈 수 없습니다.

하물며 제국주의와 자유민주주의, 피식민지와 자주독립국, 절대빈곤의 농경사회와 풍요로운 산업정보사회, 민족의식이 미처 각성되지 못한 봉건군주 시절과 민족정신이 정립된 민족자결시대 사이의 다름이야 오죽할까.

시대정신도, 나라의 체제도, 사회결속의 동인도, 또 경제상황과 산업구조의 형태도 오늘과는 사뭇 다르기만 했던 옛 식민지 백성의 고단한 삶을 현대 자유인의 풍요로운 눈길로 명쾌히 재단하고 평가하기란 여간 어려운 일이 아닐 것입니다.

 민족을 위해 장렬히 목숨 바친 순국열사들이라면, 또 순국에까지는 이르지 않았어도 창씨개명이나 신사참배를 거부하다가 옥에 갇히고 모진 고문을 당했던 애국지사들이라면, 아마도 침략자의 총칼 앞에 숨죽이며 천덕스럽게(?) 살아가던 유약한 동포들을 경멸하거나 미워했음직도 합니다.

 아, 그러나 나는 압니다. 저 숭고한 열사, 지사들은 이 땅의 장삼이사를 한없이 아끼고 사랑했음을. 비록 자신은 죽어가지만 이 땅의 민중들은 기어이 살아남아 겨레의 핏줄을 길이 이어갈 것을 굳게 믿었고 또 간절히 소원했음을.

 그리고 저 민초들도 열사들의 고귀한 민족혼을 극진히 경외하며 애타는 광복의 꿈을 품고 그 척박한 시절을 모질게 살아냈음을.

 나는 압니다. 기미가요 울려 퍼지는 나치의 시상대에 일장기 선명한 가슴으로 올랐던 올림픽 마라톤의 챔피언을 친일파라 단죄할 수 없음을. 그 일장기를 보도사진에서 지워버리고 폐간까지 감수했던 언론도 그처럼 기개 높은 민족정신에 항상 투철할 수만은 없었던 뼈아픈 현실을.

 또 나는 압니다. 침략자들에게 선전포스터 두어 장, 선전가요 몇 줄 끄적거려준 예술인들이 아무런 가책 없이 민족문화의 선구자로 칭송받는 몰역사적 풍토는 꽤나 역겹지만, 그들의 몇몇 요사스럽던 친일 행적이 그들 생애의 전부가 아니었고 그들이 꿈꾼 진정한 예술세계도 아니었다는 진실을. 천사도 아니고 악마도 아니었던 그들은 칭송할 것도 저주할 것도 없는, 그저 함께 부둥켜안고 통곡해야 할, 지독히도 불행한 시대의 슬픈 예술혼들이었음을.

무릇 인격체란, 불확실성의 광야를, 갈등과 의혹의 골짜기를 두루 방황하는 모순의 실체이며, 그 일상적 삶 또한 공과功過와 정오正誤가 늘 얽히고설키기 마련인 모순투성이라는 것을. 그래서 한 인격과 그 생애를 통전적으로 조감하지 않은 채 개개의 모순되는 행적들마다 토막토막 끊어내서 단편적으로 심사, 분별, 시상시벌施賞施罰하는 일이 항상 옳을 수만은 없다는 것을.

나는 압니다. 시일야방성대곡是日也放聲大哭으로 겨레의 혼을 천둥처럼 뒤흔든 선인도 나날의 일상에서는 한낱 가녀린 민초들 중의 한 잎에 불과했음을.

큰 것 하나를 어렵사리 지켜내기 위해 작은 것 몇몇을 개먹이 던지듯 침략자들의 입에 던져줄 수밖에 없었던 식민지 지식인들의 괴로운 모순을. 그 몇몇 모순의 행적 때문에 후대에 매국노 소리마저 들어야 하는 그들의 슬픈 역사를.

그래서 더 깊이 압니다. 일신의 영달을 위해 스스로 침략자의 앞잡이가 되어 동족을 능멸했던 쓰레기들은 단호히 솎아내야 하고, 조국을 팔아먹은 대가로 얻은 매국노의 재산을 조국의 상속법이 자손 대대로 이어가며 착실히 보호해주는 기막힌 불합리는 마땅히 바로잡아야 하며, 비록 그에는 미치지 않더라도 어차피 부끄럽고 고통스러울 수밖에 없었던 우리 어버이들의 삶을 치열하게 되돌아보는 성찰 또한 부득불 긴요한 일임에 틀림없음을.

그렇지만, 그 부끄러움을 함께 번민하고 더불어 눈물 흘릴지언정 차마 조롱하거나 섣불리 침부터 뱉을 일은 아니라는 것을.

나는 분명히 압니다. 서로를 향한 믿음과 사랑 없이는 열사들의 장렬한 죽음도, 민초들의 모진 삶도 아무 의미가 없는 것임을. 열사들의 희생은 민중을 향한 사랑이었고, 민중의 삶은 곧 열사들의 민족혼에 대한 한없는 신뢰였음을. 그래서 서로 다르다는 것이 서로를 미워하고 심판해도 좋을 이유는 결코 아니라는 것을.

아, 나 이제 비로소 알겠습니다. 역사를 바라보는 눈길에서 사랑의 광채가 사라지면 춘추사필春秋史筆에의 믿음도, 미래를 향한 소망도 모두 소용없는 것임을. 왜냐하면 "믿음·소망·사랑 가운데서 사랑이야말로 가장 으뜸 되는 것"(고린도전서 13:13)이기에. 이해하려면 서로 닮아야 하지만, 사랑하려면 서로 달라야 하기에(P. 제럴디). 그리고 다른 만큼 더 깊이 사랑해야겠기에.